中华先锋人物
故事汇

吴征镒

草木知音

WU ZHENGYI
CAOMU ZHIYIN

毛芦芦 著

感谢中国科学院昆明植物研究所、云南吴征镒科学基金会对本书编写的大力支持！

图书在版编目（CIP）数据

吴征镒：草木知音 ／ 毛芦芦著．—南宁：接力出版社；北京：党建读物出版社，2024.6

（中华人物故事汇．中华先锋人物故事汇）

ISBN 978-7-5448-8514-0

Ⅰ.①吴… Ⅱ.①毛… Ⅲ.①传记小说–中国–当代 Ⅳ.①I247.5

中国国家版本馆CIP数据核字(2024)第060347号

吴征镒——草木知音

毛芦芦　著

责任编辑：陈三霞　孙微巍
责任校对：阮　萍　杨　艳
装帧设计：严　冬　　美术编辑：高春雷
出版发行：党建读物出版社　接力出版社
地　　址：北京市西城区西长安街80号东楼（邮编：100815）
　　　　　广西南宁市园湖南路9号（邮编：530022）
网　　址：http://www.djcb71.com　　http://www.jielibj.com
电　　话：010-65547970/7621
经　　销：新华书店
印　　刷：北京科信印刷有限公司
2024年6月第1版　　2024年6月第1次印刷
787毫米×1092毫米　32开本　5印张　70千字
印数：00 001—10 000册　　定价：25.00元

版权所有　侵权必究

质量服务承诺：如发现缺页、错页、倒装等印装质量问题，可直接联系本社调换。
服务电话：010-65545440

目 录

写给小读者的话 …………… 1

喜欢花草的孩子 …………… 1

和草木相伴的绿色童年 ………… 5

人生路上的启蒙老师 ………… 13

举行植物标本展 …………… 19

少年立下爱国志 …………… 27

跨入植物学大门 …………… 33

战火中坚守植物梦 ………… 43

三次考察,爱上云南 ………… 53

西南联大八年 …………… 61

参加地下工作 · · · · · · · · · · 67

重回清华植物所 · · · · · · · · · · 75

考察橡胶种植 · · · · · · · · · · 83

举家迁往云南 · · · · · · · · · · 91

"植物电脑" · · · · · · · · · · 99

两次进藏考察 · · · · · · · · · · 107

草木知音 · · · · · · · · · · 117

为中国植物上"户口簿" · · · · · · · 125

言传身教,培养人才 · · · · · · · · 133

化成星星,照亮山川草木 · · · · · · 143

写给小读者的话

吴征镒是国家最高科学技术奖获得者,他一辈子热爱植物,研究植物,为中国植物学的发展和走向世界做出了杰出的贡献。

小时候,他整日与自家后院的花草为伴,院中的一草一木都是他的好朋友。

少年时代,他痴迷于采集植物,制作标本,老师为他举办了植物标本展来鼓励他。

青年时代,因为抗战烽火,他随清华大学南迁,徒步远行,从北到南,用脚丈量了半个中国,到西南联大教书。但他从没有忘记考察植物,在每一步前行的脚印里,都写着一首植物之诗。

步入而立之年后,他从行政管理部门回到植物研究所，东奔西走建所忙，天南地北出国考察植物，成为中国植物科学创新发展的见证者。

不惑之年，他在植物学领域已经硕果累累，成为中国科学院院士。为了进一步弄清楚中国植物的种类和分布规律，他举家从北京迁往云南，投入云南这个植物王国。

知天命之年，他虽然身困田间地头，依然不忘研究植物，凭记忆编写了《新华本草纲要》初稿，为中华本草正名做出了贡献。

到了该退休的花甲之年，他两进西藏，在世界屋脊考察植物的路上，愉快地度过了六十岁生日。

步入老年之后，他没有放松过对自己的要求，即使拄上了拐杖，他也从来没有停止过前行的脚步，最终成为植物学界的常青树。

他是我国命名植物新种类最多的植物学家，被称为"中国植物的活字典"。以他为代表的三代中国植物学家共同改变了中国植物主要由外国人命名的历史。

他带领我国的植物学研究走向了世界，成为受人敬仰的植物学大家。他一生都在寻访植物的足迹，倾听植物的心声，甘做草木知音。

吴征镒一生钟情于植物。现在他已成为天上一颗璀璨的星星——"吴征镒星"，永远守护和照耀着大地上的植物和所有热爱植物的人！

喜欢花草的孩子

现在的江西省九江市,古称浔阳,是一座有两千多年历史的江南名城。一九一六年夏天,在江西浔阳道尹衙内,兰花开得正盛,一串串青玉色的花穗,就像一只只可爱的蜻蜓,停栖在翠绿的叶子间,颤颤欲飞。花色虽淡,可花苞累累,花开灿灿,格外好看。

农历六月十三日这天,在兰花的幽香中,一个男孩呱呱坠地。

这个男孩眉清目秀,眼眸中蕴含着一股灵气,惹人怜爱,让他身为浔阳道尹的祖父吴筠孙喜爱不已,亲自取名"征镒"。

吴征镒从小多病、爱哭,每当他哭起来时,

家人就抱着他去看兰花，闻闻兰香，他就安静了。在长辈们的精心呵护下，小吴征镒一天天长大。等他长到半岁时，模样很像他的祖父。这可把老祖父乐坏了，只要有空，他就抱着这个小孙子一起玩耍，一起赏兰花。一岁时，祖父还请来了摄影师，把小吴征镒抱在怀里，和盛放的蕙兰一起合影留念呢！

在这张合影里，小吴征镒睁着一双好奇的眼睛直盯着镜头。慈祥和蔼的祖父，怀抱着他，就像怀抱着珍宝，笑得那么开心。

谁能料到，这张和小吴征镒的合影，竟然是祖父在人世间留下的最后一张照片。

当时军阀混战，很多进步人士受到迫害。祖父吴筠孙虽然是清末进士，做了政府官员，但他思想进步，向往革命，做官的同时，还加入了梁启超、汤化龙领导的进步党。时局不稳，家运衰落，小吴征镒一岁抓周没过几个月，祖父吴筠孙得了脑出血，没多久就撒手人寰。接着，小吴征镒的五婶、七婶难产而亡。

家里接二连三有人去世，迷信鬼神的祖母竟然把家中的不幸怪罪到小孙子吴征镒头上，说小吴征镒是花妖投胎来"克"吴家的，一看见他就生气。

一时间，小吴征镒从群星捧月的宝贝变成了被人嫌弃的祸害，他变得孤僻、胆小，还常常生病。幸好，他有非常宠爱他的母亲。

吴征镒的母亲刘仲璇是江苏省宝应县有名的大家闺秀，端庄秀丽，温柔善良，识文断字，为人贤惠又有礼数，待人接物面面俱到，全家大小没有一个不喜欢她的。

吴征镒的母亲生了六个儿子。祖父去世后，家中里里外外都是母亲在操持，每天都忙得脚不沾地，但她从不曾冷落过小吴征镒。

当祖母嫌弃地喊小吴征镒"花妖"时，当年幼懵懂的吴征镒为此变得惴惴不安时，是母亲一次次把他护在怀里。

这年冬天，为了护送祖父的灵柩回扬州老家，祖母带领全家人，回到了扬州的吴道台宅第。

吴道台宅第坐落在扬州古运河旁，是吴征镒的二伯祖吴引孙兴建的。吴道台宅第规模宏大，结构精巧，被扬州人称为"扬州九十九间半"，是扬州古建筑中独具一格的住宅建筑群。

在吴道台宅第内，还建有一座藏书楼——测海楼。给藏书楼取这个名字，寓意登楼读书，犹如测海，学海无涯，吴引孙期望子孙能以测海的勇气和毅力，努力读书，学有所成。

吴征镒的高祖父一生酷爱读书，把自己的书房取名为"有福读书堂"。吴征镒的二伯祖和祖父从小受墨香的熏陶，也喜欢读书。测海楼的底层建了"有福读书堂"，吴征镒的祖父亲笔题写"有福读书堂"牌匾。

和草木相伴的绿色童年

在吴道台宅第，有一座占地十多亩的花园，名叫芜园。芜园围墙内种着毛桃树，还有一些梅花、紫薇和绣球花等，中间的空地种着蔬菜。家里上上下下，一般都不叫这园子为芜园，而是亲切地喊它"大院子"。

在大院子里，有个七八岁的男孩，常常瞪着一双好奇的眼睛，东瞅瞅西看看，不断发出惊叹之声。在他的心里，大院子是一个神奇的地方。虽然大院子没有得到精心的管理，院子中的植物基本都是半野生状态，但一草一木都是男孩的好朋友。

只要母亲找不到他，她就会派人到大院子里来找。

这个常常在大院子里玩耍的小男孩，就是吴征镒。他生性安静内向，不大愿意和兄弟们一起玩，几乎天天待在大院子里看花草树木。

进大院子的门向右拐，有一片孟宗竹林。春天雨后，吴征镒看到竹林里的春笋，早上才露头，中午再来看，半天工夫，竟然长得和他一般高，越看越觉得惊奇。

"咦，怎么才半天时间，竹笋就长这么高了？"

眼见着一年四季，各种花开花落，草木荣枯，吴征镒小小的心中渐渐积攒了对大地的无限好奇，对植物的无限兴趣。

为什么同样是树，桃树开红花，梨树开白花？

为什么紫藤花是一串串的，绣球花却簇成了一个圆圆的大花球？

为什么石榴树的花能开那么长时间，牵牛花的花开一天半天就蔫了？

为什么覆盆子和蛇莓看上去那么相似，母亲说覆盆子可以吃，蛇莓不能吃？

吴征镒的小小脑瓜儿里冒出了关于植物的很多问题。

和草木相伴的绿色童年

他虽然不是一个口齿伶俐的孩子,却能和植物朋友们很好地交流。瞧,这会儿,他蹲在一株蒲公英前,开始跟蒲公英说话了:"蒲公英,我知道你会飞,你能带着我飞吗?我想飞到桃树顶上,去摘那个最大最红的桃子!"吴征镒说着,用力吹了一下蒲公英花球。白色的蒲公英花球飘飘悠悠地散开了,雪花似的冠毛满天飞。可它们没有把吴征镒带上桃树,而是自己飘上桃树,去"吃"桃子啦!

小吴征镒跟植物们玩得不亦乐乎。有时候,也缠着大人给他讲有关植物的故事。

照顾小吴征镒的保姆黄阿婆来自农村,目不识丁,却是一个讲故事的高手。每每讲起故事来,绘声绘色,小吴征镒总是听得津津有味。黄阿婆告诉小吴征镒,世间万物都是有灵性的。那大院子里的花花草草,都是天上的仙人变的,仙人长相各有不同,所以花花草草的样子也不一样。

黄阿婆讲的传说故事就像一把钥匙,打开了小吴征镒的想象力的宝库。在他的想象世界里,大地上的每一棵草、每一朵花、每一个果子,都和人一样,有自己的喜怒哀乐。

母亲也越发喜爱吴征镒，总是夸他善良，对一草一木都有慈爱之心。

母亲平时很忙，要管一大家子的事，便趁着早上梳头时，把吴征镒叫到身边，一边梳理着自己长长的黑发，一边教吴征镒认字、背唐诗，并纠正他的发音。吴征镒自幼体弱多病，肠胃不好，出过麻疹和湿疹。他性格内向，到了三岁还不会说话，四五岁时说话还含含糊糊的，分不清"公""红""中"等音。母亲为纠正儿子的发音，教他念唐诗："寥落古行宫，宫花寂寞红。白头宫女在，闲坐说玄宗。"渐渐地，吴征镒说话清晰了。六岁时，他认识了两千多个汉字；八岁时，他进了家塾念书；九岁时，他能自己读书了，就常常溜进父亲的书房找书看。

十一二岁时，在父亲的书房，吴征镒的手划过一册册图书。突然，有本《植物名实图考》吸引了他的注意。"植物？"他忍不住好奇，抽出那本书，翻开一看，立刻喜笑颜开。原来，这是一本图文并茂地介绍植物的书。以前，人们一般都为关于植物的书取名"本草",比如《神农本草经》和《本草纲目》等,把花草木藤这类东西叫成"植物"的,吴征镒好像还是第一次看到。

当时,吴征镒也没有多想,只是好奇地一页一页翻下去。哇!他发现这本《植物名实图考》中,有一些植物是他家大院子里有的,便忙捧着书,跑到大院子里,照着书上的图片,一一去辨认。看到大院子里的各类花草、树木、瓜果、蔬菜,在这本厚厚的书上都有记载,吴征镒对作者钦佩不已。

他拿着书去向父亲求教。父亲告诉他,这本书的作者吴其濬可是一位响当当的大人物,他是清朝嘉庆年间的状元。吴其濬先后任职翰林院修撰、湖南等省巡抚。他虽然一生做官,但对植物非常感兴趣,常常带人到野外进行实地考察,还向当地百姓请教,到处留心观察,记录植物的习性,采集植物标本,并将它们画成图,先后编写了《植物名实图考长编》和《植物名实图考》等巨著。

听了父亲对吴其濬的介绍,吴征镒越发喜爱《植物名实图考》这本书,前前后后不知道看了多少遍,还常常拿书对着大院子里的植物反复对比、琢磨。每当"看图识物"对上一二种,他心里就特别高兴。

他还在父亲的书房中找到了日本植物学家牧野富太郎写的《日本植物图鉴》。于是,他又捧着这本书去研究大院子里的植物。他一天天沉迷于"研究"大院子里的植物中,感受植物世界的奥妙。

没有那么多伙伴和吴征镒玩耍,他的童年是寂寞的、灰色的,但因为有大院子的花花草草陪伴,他的童年又是丰富多彩的,大院子成为他童年的乐园。长大后,吴征镒能成为世界知名的植物学家,与他童年时代在芜园的生活经历密不可分。

人生路上的启蒙老师

吴征镒人生的第一个启蒙老师,便是宠爱他的母亲刘仲璇。

母亲不仅关心着他的一日三餐,耐心地引导他开口说话,教他识文断字,还"纵容"他天天与大院子里的植物为伍,让他的天性自由发展。

八岁那年,吴征镒被母亲送进了家里的私塾,跟他一起入学的,还有大他三岁的姐姐。家塾的老师叫黄吉甫,他们一起喊黄先生为"公公"。黄先生使用的教材是清末民初上海澄衷中学的新式教科书,也教"四书五经"、《古文观止》和《唐诗三百首》。吴征镒常常背诵古文,练就了强大的记忆力。

吴征镒识字多,心性安静,脑子又灵,背书很快。可他毕竟年纪小,也有调皮捣蛋的时候,当公公叫他站起来背书时,他有时故意不背,惹得公公无奈地摇头。

小小年纪的吴征镒开始偷偷地写诗填词了。有一次,被公公发现后,吴征镒以为自己要受处罚了。没想到,公公却笑着拍了拍他的肩膀,说:"真聪明!"从那以后,公公常常推荐一些好文章让吴征镒读,对他更加喜爱了。

但吴征镒对公公可不是百依百顺。有一次,公公让他读《东莱左氏博议》,他却写了一篇作文批评东莱先生讲的陈腐道理。公公看后哭笑不得,在他的作文上批道:"东莱之言,何乃訾议?"

这位黄先生就是吴征镒上学后的第一个启蒙老师。

从进私塾起,吴征镒还学习了英文、数学等科目,一九二九年,十三岁的吴征镒以同等学力考入江都县县立中学,上了初中。这是他第一次走出吴道台宅第,走进外面的世界。

丰富的校园生活,让安静拘谨的吴征镒变得活泼开朗些了。那时，由于刻苦阅读了大量书籍，他已是一个戴着近视眼镜的"老先生"，穿着长衫，布鞋里还缠着裹脚布。他不是像女孩那样把脚裹小，而是按家族规矩，要把脚裹成平脚。进中学后，他自然而然就把裹脚布扔了，就像一尾小鱼，迫不及待地跃进了大海。

凭着丰厚的家学渊源和聪颖的天资，吴征镒很快就成了同学中的佼佼者。

吴征镒很开心，学校里有他喜欢的生物课，还有他非常喜欢的生物老师唐耀。这位唐老师毕业于两江师范学堂，跟吴征镒一样，酷爱植物。他脾气温和，同学们都喊他"糖大饼"。

一天，身材魁梧的"糖大饼"老师，拿着美丽的紫堇花走进教室，给学生们讲起了紫堇的结构：茎叶、花瓣、花蕊……他一边讲一边在黑板上画起来，黑板上的紫堇花，简直比他手上的花还逼真，仿佛还飘着淡淡的香气。一会儿，他又游刃有余地在黑板上画起了紫堇的解剖图，让学生一下子就把小小的紫堇了解得十分透彻。

看看唐老师手里的花，又看看唐老师画在黑板上的花，吴征镒被唐老师的才华征服了。从此，他再也没有跟同学们一起喊过唐老师的绰号，总是恭敬地称他为唐先生。

博物学老师吴锡龄也让吴征镒印象深刻。他在动物学、生理卫生和矿物学方面，对吴征镒进行了启蒙教育。

吴老师教的矿物硬度表口诀"滑石方，氟磷长，石黄刚金刚"等，吴征镒到老年还能背诵，还记得矿物中最硬的是金刚石，最软的是滑石。

精通书画的吴老师很喜欢好学的吴征镒，还特意画了一把折扇送给他。折扇一面是吴老师的书法，写着李商隐的诗，另一面是吴老师的国画作品，画的是山水小品。吴征镒将吴老师赠予的这把折扇视若珍宝，可惜，后来北平沦陷时，吴征镒的作业和书画被一扫而空，这把珍贵的折扇也丢失了。

一九三一年，读初二的吴征镒跳考到扬州中学高中部。在这里，他又遇到了一位良师益友，那就是唐燿①。唐燿老师鼓励吴征镒多读一些课外书籍，并把邹秉文、钱崇澍和胡先骕合著的《高等植物学》等图书推荐给吴征镒学习，还让吴征镒读《自然界》杂志，以便从中体会"边采集，边思考"的优良习惯，使吴征镒初步对植物地理分布概念有所认识。

读高中的吴征镒，一回到家，还是喜欢去大院子里玩，但这时的他已经学会了采集和制作植物标本。

爱吃新鲜豌豆，爱采金花菜，爱看竹笋生长……少年吴征镒，经过母亲、黄吉甫、唐寿、吴锡龄、唐燿等人的启蒙，已经踏上了漫漫的求学路，对植物学的兴趣更浓厚了。

---

① 燿，读作yào，在《现代汉语词典》（第7版）中，"燿"为"耀"的异体字。

举行植物标本展

扬州有一个著名的平山堂，是北宋文学家欧阳修任扬州知州时所建。在明朝万历年间修葺过，清朝咸丰年间毁于战火，清朝同治九年又重修了。

平山堂坐落在扬州蜀冈中峰大明寺内。这里风景清幽，坐在堂上，眼前一座座小山都历历在目，好像跟堂齐平，因此得名"平山堂"。

以前，大明寺只存在于吴征镒听过的民间传说中，而如今，这里成了他每个周日几乎必到的地方。

他是来大明寺烧香拜佛还是来平山堂看风景的？都不是。吴征镒是跟着一个人来这里采集植物的。这个人就是高高大大的唐寿老师。

平山堂的后山不高，可这里林深草茂，植物种类繁多。唐老师就把这里作为一个植物研究基地，周日常带着学生来采集植物，做标本。每次采标本，有一个学生从不缺席，这个学生就是吴征镒。

吴征镒爱把带花带果的标本夹在旧报纸里，插上标签，并将它们一一登记在册。在采标本的过程中，吴征镒常常跟唐先生一起坐在山岗上，看群山蜿蜒，听林涛阵阵，望着山下的大运河出神。

"那些船去往哪里呢？"有一天，吴征镒指着运河里的船只，喃喃自语。

"去它们理想的远方，有一天，你也会跟它们一样，抵达理想的远方！"唐先生对吴征镒说道。

"那我就用这些标本当船，驶向理想的彼岸。"吴征镒举着手里的植物标本，对唐先生说道。

唐先生冲吴征镒点点头，欣慰地笑了。他知道，自己这个学生痴迷于植物的世界，便鼓励他："征镒啊，以后星期天，你采标本，还可以走得更远些！"

后来，每到星期天，吴征镒总会约上几个同学，去扬州城外采植物标本，二十四桥、禅智寺等地，他都去过。由于缠过脚，是平脚板，走远路不容易，所以晚上回家时，他不仅会带回一大包植物标本，还会带回两脚掌血疱。母亲看到心疼不已，就劝他："咱以后不去了，行不行？"吴征镒冲母亲笑着点点头。可是，到了下一个星期天，他用手巾包上几个烧饼，约上同学，又出发去采集植物标本了。

"咱们的小征镒难道真是花妖变的，要不怎么对花花草草这么着迷？"黄阿婆不解地问。

"不，我看他是花神变的！"母亲心疼儿子走远路，采集标本吃了不少苦头，但依然对儿子充满信心。

一个又一个星期天，吴征镒总是在采集植物，制作标本。到高中时，他已经整理出两三百号标本。他还学着《植物名实图考》和《日本植物图鉴》那样，给自己的标本绘画，再配上植物名称、特征等说明文字。吴征镒的标本册做得像模像样，就像一本待出版的植物学著作。

一天，这些标本被唐燿老师看到了。唐老师眼前一亮,兴奋地对吴征镒说:"我来帮你策划,你在班里搞一次标本展览怎么样?"

吴征镒一听,心脏怦怦直跳。他脸红红地说:"好是好,但我真的可以办标本展吗?"

"当然可以。"唐燿老师十分肯定地说。

"那好吧,我准备准备。"吴征镒内心激动万分。

他想起在南京金陵大学当助教的二哥吴征鉴。二哥从事人体寄生虫和医学昆虫学的研究,是吴征镒心中的偶像。

吴征镒把唐燿老师要给他办植物标本展的消息写信告诉了二哥。二哥忙从金陵大学赶回家,把弟弟的两三百号植物标本拿去给好朋友焦启源鉴定。

"你弟弟的这些标本很有价值,做得也很符合规范,拿出去展览没问题!"在金陵大学当助教的焦启源肯定了吴征镒做的标本的价值。

吴征镒放心了。

不久,在扬州中学,一场别开生面的植物标本展开展了。

十五岁的少年吴征镒,成了这次植物标本展的风云人物。

吴征镒有些忐忑地为同学们讲解着一份份标本的来历，讲解着这些标本的学名、特征、价值，讲解着这些标本古今名称的演变等，就怕有人会嘲笑他的这些宝贝。

吴征镒讲着讲着，人群中响起雷鸣般的掌声。同学们都被他刻苦采集、制作标本，以及在植物研究方面的才华感动了。

本来，吴征镒是跳级考上高中的，在班里是一个不起眼的小个子。植物标本展一举办，他在同学们心中的形象猛然高大起来。

看着同学们钦佩的眼神，吴征镒大受鼓舞，他想探索和解开植物世界更多奥秘的决心，也更坚定了。

这件事传到家里，吴征镒的母亲赶紧把这个好消息告诉了父亲："咱们儿子的那些花花草草的标本，在学校里展出，引起了很大轰动，原来喜欢花花草草也能引孩子走上正道呢！"

父亲却说："男孩还是要实实在在地学一门技术才好，这些花花草草平时玩玩还行，要靠它们走

人生正道，兴家立业恐怕不行！"

"我相信咱们的儿子以后一定能成大事！"吴征镒的母亲依然坚定不移地相信着自己的儿子。

父亲则是轻轻摇了摇头，说："还是学技术更可靠啊！"

在吴征镒十来岁时，父亲从知名的美汉中学请来一位家庭老师，教他学英文和数学。无论是数学还是英文，只要老师讲上一遍，他就能记住。不到两年的时间，他就能读《从地球到月球》等带插图的英文原版书籍。父亲看到吴征镒悟性高，学习又勤奋，非常欣慰，对他的期望也越来越高。

没想到，吴征镒一直痴迷于小时候的爱好，整天研究植物。这让父亲对他多少有点失望。

所以，尽管吴征镒的植物标本展举办得很成功，父亲还是为此轻轻叹气。

可吴征镒才不管那么多，一到周日，依然带几个烧饼，和同学结伴一起去采标本。在他心中，绿色的原野和山岗，郊野的一草一木，草木上绽开的花朵、呈现的生机、蕴藏的奥秘，就是他心目中最迷人的世界。

少年立下爱国志

很难想象，住在吴道台宅第的小少爷吴征镒，其实是连黄包车也坐不起的穷孩子。

当时，北洋政府行将崩溃，军阀四起。一九二七年，北伐军打进了扬州城，有些军官住进了吴道台宅第。他们和扬州的书商暗中勾结，从测海楼盗走了不少藏书，用军车整箱整箱地运出去，卖给了书商。后来，一些珍贵的书籍出现在美国和日本的图书馆里。

自从祖父吴筠孙去世后，吴家就开始败落了。吴征镒的父亲吴启贤在民国初年，曾在北洋政府的农商部任职。北洋政府倒台后，他以江苏省议员的身份赋闲在家。这时，家中经济就更加拮据了。最终，吴家以三万银圆的价格，把测海楼剩余的所有藏书卖给了北平书商王富晋。后来，一些书籍被国家图书馆收藏，也有一些流往中国台湾地区和国外。

卖掉家里的藏书以后，吴征镒的父亲想做点实业。于是，他变卖了部分田地，办了一个油坊。可是，被雇来管理的一个亲戚把钱卷走了，没多久，油坊就关门了。

家里经济越发困难，吴征镒考上扬州中学后，家里无余钱给他坐车，更没办法供他住校。当时学校在城西，吴家住在城东，吴征镒中午放学来不及回家吃饭，就随便买点食物填肚子。

这个每天拖着平脚板奋力奔跑的少年，没有因为家境的困苦而落下功课，相反，他门门功课都很优秀，国文、英语、生物学尤其拔尖。

同时，吴征镒还结交了一群意气相投的朋友，跟他们结成了"十兄弟"。他们一起发誓：有福同享，有难同当，为国读书，精忠报国。

"十兄弟"的头儿是孙庆恺。孙庆恺长得高大帅气，皮肤黑黑的，眼睛亮亮的。他做事很有魄力，一九二七年参加了中国共产党的外围组织。他很喜欢吴征镒这个小兄弟，常常给他讲革命道理。后来孙庆恺投身革命，一九三七年，他到革命圣地——延安；一九四六年以后在新四军任职，曾在扬州一带打游击；新中国成立后，曾任宝鸡市党委书记。

九一八事变后，扬州中学的师生们群情激愤，吴征镒"十兄弟"也一同投入了轰轰烈烈的抗日救亡运动。他们和同学们一道，去农村向农民宣传抗日，到处演讲，分发抗日传单。年仅十五岁的吴征镒满腔热血，流着泪，写下长诗《救亡歌》，发表在《扬中校刊》的抗日专号上，在广大师生中引起强烈共鸣，被广为传诵。

吴征镒在《救亡歌》中如此写道：

……

吁嗟呼！国亡亦已久，日维饰太平。南北争意气，东西谈纵横。战争犹不止，如何敌强邻？夺利休言义，争权不用情；内心不团结，如何敌强邻？

学术多守旧，服用乃维新；科学不发达，如何敌强邻？水利多窳败，农业不经营；地不尽其利，如何敌强邻？政府皆冗员，市井尽游民；人不尽其才，如何敌强邻？体格多不健，军事鲜能精；不能致康强，如何敌强邻？人格多堕落，道义不能行；日维贪私欲，如何敌强邻？吾愿全国人，如闻警钟声，春梦争先觉，始得庆更生。国亡同为奴，富贵焉足争。各尽其天职，莫为袖手人。从今百改革，首要唯革心。亟宜大团结，阋墙不用争。亟宜大勤奋，科学以昌明。亟宜倡农业，国富财以生。亟宜兴工业，得用诸游民。亟宜倡体育，民权始可臻。亟宜倡道德，莫贻害其群。凡事须实践，莫沽虚伪名。一心唯对日，誓如白水深。与之绝来往，誓如高山陵。国耻庶可雪，方为中国民。歌毕声嘶力欲竭，唯愿全国皆努力！必欲此耻一旦雪，莫作五分钟之热！

少年吴征镒流露出的爱国情怀令人钦佩，也催人奋进。这首《救亡歌》就像滚滚春雷，回响在读者心中，烧热了同胞的血，引燃了同学们抗日的爱国热情。这震撼天地、慷慨悲壮的爱国之音，鼓励很多人勇敢地发出了抗日的呼声。

吴征镒带着这首《救亡歌》参加集会，四处演讲。讲到动情处，他泪流满面，听众也报以热烈的掌声，集体高喊抗日口号。

"民众的力量真伟大，我相信，我们中国绝不会亡国，东三省一定会回到我们的手中！"在一次演讲过后，吴征镒激动地对孙庆恺说。

"对，有千千万万抗日的同胞在，我们中国不会亡！中华民族不会亡！"孙庆恺紧紧握住吴征镒的手。

很快，扬州中学的学潮，跟全国各地的抗日浪潮一起，滚滚而来，一浪高过一浪。当局害怕了，为了镇压学生的抗日民主运动，多次下令开除和逮捕学生。

为了抵制当局的无耻行径，吴征镒和孙庆恺等同学一起，在扬州梅花岭上的史公祠集会，通过纪念明代抗清名将史可法，号召大家进行大规模的罢课活动，抗议当局的无理决定。

当时，吴征镒所在的班面临考大学，但他仍积极参与了这场罢课活动。这可急坏了当时扬州中学的校长周厚枢。他只希望大家好好学习备考,能为扬州中学争个好名声,他百般劝说,但学生们就是不复课。他只好四处搬救兵,对学生们软硬兼施,可学生们坚持不恢复被开除学生的学籍,决不复课。

最后,学校和当局不得不做出让步,让被开除的学生回到了课堂。

这件事,也促使少年吴征镒更加坚定地走上了民主救亡的道路。

跨入植物学大门

一九三三年，十七岁的吴征镒高中毕业，以优异的成绩考入清华大学理学院生物系。

母亲喜极而泣，因为儿子吴征镒成了扬州中学的骄傲，成了扬州人的骄傲。

父亲自然也很高兴，但按捺不住心中的疑惑问吴征镒："你学植物有什么用？"

吴征镒答不出来。爱植物好像是他的天性，他喜欢观察植物，喜欢做标本，一心想学好它。他只是循着爱好，走上了这条路，可他又不能这样回答父亲。

在母亲含泪带笑的目送下，在父亲欣慰又充满疑问的挥别中，吴征镒走进了清华大学。

没想到，第一位来给他上课的老师，居然是大名鼎鼎的朱自清先生。

一上课，朱先生就点了吴征镒的名，称他为"扬州小老乡"，还向学生们介绍了他入学考试时国文科目的作文。

哇……他在心里感叹，没想到写得一手绝顶妙文的朱自清先生是如此可敬可亲！

吴征镒读过朱自清先生的散文，在他心目中，朱自清先生绝对是令人仰慕的人物。没想到，他在清华大学上的第一课，就受到朱自清先生如此亲切的对待，更没想到，连他的作文朱自清先生居然都记得清清楚楚。

那年的国文考试中，吴征镒仿照唐代诗人王维《山中与裴秀才迪书》的游记文体，写了一篇文章。没想到朱自清先生正是国文试卷的判卷人，他竟然获得了朱自清先生的赏识。

吴征镒对朱自清先生的尊敬与爱戴，也与日俱增。特别是后来，朱自清先生"一身重病，宁可饿死，也不领美国救济粮"的铮铮铁骨和民族气节，带给吴征镒无限的感动和钦佩，给予他向上、向善、向真的动力，也为他树立了人生的榜样。

吴征镒在清华大学求学时，家里经济越发拮据，没钱资助他读书。他全靠刻苦学习获得的奖学金，以及五哥吴征铠的薪金资助完成学业。为了省下钱买书，吴征镒舍不得在学校食堂吃饭，总是在清华大学门口的倪家小铺买碗炸酱面或烩饼吃。

每到周末，他总会买两个玉米馒头，用手巾包好揣在书包里，然后一头扎进图书馆，直到图书馆熄灯才出来。那两个玉米馒头就是他一天的口粮。

当然，吴征镒除了一心苦读，也喜欢外出采标本。他在游览长城、十三陵等地时也不曾忘记采集标本。

在清华大学的第一年，吴征镒收获很大，因为清华大学对刚进校的学生实行通才教育。生物系的学生除了学习生物外，国文、英文、数学等科目也要学；而且，前来教授的老师，往往都是校内的知名教授，为的是让学生一进大学就打下深厚的基础，树立远大的志向。

教吴征镒英文的叶公超也是一位鼎鼎有名的教

授。叶教授当时是清华大学外语系的主任。他的英文从口语到文学的修养和造诣都非常高。在叶教授的教导下，英语基础本来就不错的吴征镒进步很大，不仅能阅读莎士比亚英文原著，还能用英文娴熟地写学术论文。这样的通才教育，让从未出国留学过的吴征镒一生受益，直到老年，他出访欧美国家时，还能用英文流畅地和同行交流。

在生物学方面，他也遇到了几位名师。

一位是生物系主任陈桢教授，他是享誉海内外的动物学家、遗传学家，也是吴征镒的"老熟人"，因为吴征镒学过的《高中生物学》教材就是陈桢教授写的。陈教授个子不高，宽宽的脸庞，有点胖，戴一副黑边眼镜，气质颇为儒雅。陈教授说话带有扬州口音，吴征镒觉得这位"老熟人"格外亲切。

吴征镒常常去找陈教授。陈教授是扬州市邗江县人，与吴征镒是老乡。他对吴征镒这个小老乡非常热情，还把他请到家里去做客。

"陈先生，我的高中老师唐燿以前用您写的书给我们上课，我特别崇拜您！"吴征镒激动地对陈教授说。

"小老乡，你这么年轻，要好好努力，为咱们家乡争光呀！"

"我一定努力！"吴征镒扶了下眼镜，坚定地说。

上大二后，吴征镒很兴奋，因为他终于可以在新落成的生物馆楼上课和做实验了。那时生物馆楼的一楼是心理学系，二楼和三楼是生物系。吴征镒注意到，一楼后门通往西院的大道边有一块地，有人在那里培育了一个小型植物园。园里种满了白头翁、耧（lóu）斗菜、探春、迎春、榆叶梅、连翘等花卉。

吴征镒对这个植物园喜爱不已，一见到它，就迈不动腿了。没多久，他就在植物园旁见到了"园丁"，一个清俊颀长、目光温和的年轻老师。

这位年轻的老师不就是植物学老师吴韫珍吗？

吴征镒忆起，吴教授讲课极其认真，他总是在课前三十分钟就把黑板写得满满的。学生必须提前半个小时去上课，才能记完笔记。吴教授讲课，还有一个特点，就是从来不照本宣科，而是随时会将发表在英美著名刊物上的文章介绍给学生，让学生听到世界最前沿的植物学研究成果。

吴征镒连忙走向老师说："吴教授，我太喜欢这个小植物园了！"

"吴征镒，"吴韫珍一字不差地喊出吴征镒的名字，"听说你在模仿我的字迹？"

"啊，这……"吴征镒没想到自己的秘密已经被老师知道了，不禁羞红了脸。

吴教授忍不住拍了拍吴征镒的肩膀说："哈哈，没事，要是你觉得我的字好看，尽管模仿吧！除了字，你要学的东西还有很多，一定要努力啊！"

这就是吴征镒与恩师吴韫珍教授最初的交往，当时吴征镒就有预感，吴韫珍教授会将他带入植物学的一片新天地。

果然，在此后的岁月里，吴征镒跟着吴韫珍教授学到了很多很多。吴韫珍教授曾带着吴征镒到西山、八达岭等地去采集植物标本，回来后又一起整理标本、建名录、查文献，并对已有文献记录进行考证研究。

跨入植物学大门

大学三年级时，吴韫珍教授给吴征镒布置的论文是论述华北莎草科薹（tái）草属植物的分类，要求他从野外调查入手。这是一篇难度很大的论文，吴韫珍教授告诫吴征镒："不要怕难，做学问就像啃骨头，多啃硬骨头方能练出真功夫！"

吴韫珍教授的话，影响了吴征镒一生。

在清华大学，吴征镒还遇到了另一位恩师李继侗。

李继侗先生是第一位获得美国耶鲁大学林学博士学位的中国人。一九二五年，年仅二十八岁的他，以一篇《森林覆被对土壤温度的影响》的博士论文，填补了森林生态学研究的空白，为祖国争得了荣誉。耶鲁大学还以专著形式出版了他的这篇博士论文。

同年，李继侗先生载誉归国后，先在金陵大学、南开大学教书，后来又被请到清华大学任教。

"听李继侗先生的课，真是一种享受！"后来，吴征镒常常这样跟他的学生回忆李继侗先生讲课的情形，"他讲课生动形象，深入浅出，有时惹得大家哄堂大笑,有时课堂上又鸦雀无声。李继侗先生知识广博,治学严谨,还有出色的组织和领导才能,太让人佩服了!"

几位名师的言传身教,就像阳光雨露滋养着年轻的吴征镒,不知不觉地,他也在努力成为像他们一样的人。

战火中坚守植物梦

"同学们,快去礼堂参加毕业典礼!"一九三七年七月六日,清华大学九级学生在清华园礼堂举行毕业典礼,校长梅贻琦先生亲自为毕业生们颁发毕业证书。

典礼之后,同学们围着梅校长和老师合影留念,可他们发现少了一个人——吴征镒。

"怎么没看到吴征镒?"

"这个'吴老爷'是不是生病啦?"因吴征镒年少稳重,知识渊博,又戴着眼镜,大家都称呼他"吴老爷"。

"难道他当了助教,就不理我们啦?"

同学们议论纷纷。

这时，吴韫珍教授为大家揭开了谜底："吴征镒一大早已经跟西北科学考察团踏上了西行之路，去绥远（辖地属今内蒙古）、宁夏一带考察了。"

就这样，吴征镒错过了拍摄大学毕业照，却收获了人生很珍贵的一段经历，尽管这段经历最后让他害了一场大病，但他无怨无悔。

当时，学校已经同意吴征镒留校教书。他门门功课都异常优秀，人品才学双优，经吴韫珍、李继侗两位教授的推荐，清华大学教授评议会批准后，学校给他发了助教的聘书。

这时，吴征镒在报纸上看到段绳武组织的西北科学考察团招募团员的通知，就跟李继侗教授商量说："李先生，我想预支第一个月的助教工资八十块大洋，去报名参加西北科学考察团，可以吗？"

"当然支持！"李继侗欣然答应。

西北科学考察团先乘火车到集宁，再到包头，后来又乘骡车到宁夏。一路上舟车劳顿，非常辛苦，西北又是"早穿皮袄午穿纱，围着火炉吃西瓜"的气候，中午气温非常高。考察团每天早晨四点就要出发,到上午十点开始休息,下午四点又开始赶路。

大家都在歇息的时候,吴征镒一个人悄悄在行动——顶着毒日头在采集标本,采甘草、麻黄、芨芨草、沙打旺、针茅、紫花苜蓿、枸杞、沙米、沙蒿、沙冬青等,没几天,吴征镒就被晒成了"黑炭"。别人笑称"吴老爷"变成了"黑炭头",他却付之一笑。因为他内心充盈着无限的感慨,第一次见到西北地区的植物,对他来说无比珍贵。在采标本的时候,他也被这些大漠植物强大的生命力深深感动了。

这些植物露出地面的往往只有一点儿绿,埋在沙土里的根须却很长。它们顽强地活着,积蓄着无穷的力量,吴征镒觉得这里的每一株植物都是一位斗士,可敬可佩。

到了草原,各种植物争奇斗艳,给了他美的享受。开淡紫色小花的风毛菊,金光闪闪的锦鸡儿,红白两色的黄芪,清香袅袅的苦艾,都成了他喜爱不已的"花仙子"。他一边采集标本,一边领略着西北大地的壮丽风光,心里涌动着对祖国大好河山的无限热爱。

白天辛劳了一天，晚上，考察团的同伴都进入梦乡，吴征镒还在点着灯整理植物标本。同伴半夜醒来，看他还在挑灯夜战，就问他："白天忙活一天，夜里还在弄这些东西，不累吗？"吴征镒轻轻说："累是累，但我甘之如饴呢！"同伴冲他竖了大拇指，又去睡觉了。吴征镒继续在灯下为植物标本忙碌着，灯光把他瘦小的身影映得大大的。

由于睡得少，白天赶路时，吴征镒常在骡车上打盹儿。这天，骡车一颠，不小心把正在打盹儿的吴征镒颠下车来。眼看着车轮就要轧到吴征镒的腰杆儿，车上的人吓得大叫起来："快停车！快停车！"原来，赶车的老头儿也在打盹儿，大家这么一喊，把老头儿惊醒了，连忙勒住缰绳，还大喊着："好险，好险！幸亏我车子赶得慢，不然就轧到你了啊！"

一车的人都被吓得不轻，吴征镒从地上爬起来，拍了拍身上的土，爬上车，冲大家憨憨一笑，说："没事，继续前进吧！"于是，骡车又慢慢悠悠地出发了。

然而，这样的日子突然被打断了。继卢沟桥事变后，又传来了日寇占领北平的消息，中华民族到了生死存亡的关头。"国之将倾！""国将不国！"大家痛哭失声，科学考察团给每个成员发了一点儿遣散费，被迫解散。

吴征镒搭乘一艘船票便宜的黄河船回包头，路上没钱买东西吃，他就和船夫一起吃连盐也放不起的在瓦坛内泡酸的小米。好不容易熬到包头，还要一路辗转挤最便宜的火车南下。

吴征镒辗转回到扬州，面黄肌瘦、衣衫褴褛的他活脱脱像一个乞丐。母亲心疼得一把搂住他，眼泪直流。吴征镒回到家，人一松懈下来，就狠狠地害了一场大病。

病好后，吴征镒在家乡做了几天中学教师，就接到了李继侗先生的电报，告诉他因为日寇铁蹄的践踏，清华大学、北京大学、南开大学南迁至长沙。吴征镒立刻启程，匆匆赶到长沙临时大学任教。不久后，南京失守，武汉危急，战火逼近长沙，临时大学也岌岌可危。

一天，吴征镒在采集完标本回学校的路上，遇到了日军飞机轰炸，炸弹在五百米外爆炸。吴征镒惊魂未定，又听说小吴门火车站旁一家旅馆被炸，有一对新人正在旅馆里举行婚礼，亲朋好友几十人全部被炸死。面对这样的人间惨剧，哪个中国人不感到愤慨呢？

长沙不再安全，教育部决定将临时大学搬迁到大后方昆明。清华大学、北京大学、南开大学合并组建国立西南联合大学（简称西南联大）。一些教授先去云南筹建校舍，一大批学生则参军抗日去了，还有一些转去西北求学。剩下的愿意跟着学校南迁的，分为两路：一路由女生和身体不太好或不愿步行的男生组成，经粤汉铁路到广州，转香港，乘海船到越南海防，再由滇越铁路到昆明；另一路，由二百多人组成湘黔滇旅行团，徒步踏上了茫茫的"转校"之路。途中采用军事化管理，分两个大队和三个中队，由南开大学黄子坚先生负责领导，十一位老师组成辅导团同行。湖南省政府主席张治中派中将黄师岳担任团长，毛鸿等三位教官担任三个中队的中队长，一路带兵护送。吴征镒就是这南下"辅导团"中的一员。

湘黔滇旅行团从长沙出发时,给每个团员发一套军装、一双草鞋、一副绑腿、一把油布伞和一些生活必需品。他们翻越荒山,穿过孤村,拉着铁索越过激流,从冬天走至春天,出发时江岸还是枯草,走到湖南时已是红梅初放,绿柳吐芽。

吴征镒跟其他团员一起,整整走了六十八天,才来到昆明。路上,他一直留意采集植物标本。每次发现未见过的植物,他都惊喜不已。

吴征镒一路上都在感染着身边的老师和学生。其中,有个"美髯公"和他结下了深厚的友谊。这个"美髯公"就是著名的闻一多先生。闻一多先生和李继侗先生蓄须明志,表示抗战不胜利,决不剃去胡须,一路上,他们的胡子成了湘黔滇旅行团的一大标志。

闻一多先生本来可以乘火车,但他选择了陪学生们步行。一路上,闻一多先生坚持守在队尾,而李继侗先生和吴征镒因为要采集标本,也常常落在队尾。

吴征镒被闻一多先生深深感动着,闻一多先生也对这位勤奋的年轻人赏识有加。因此，他们成了一对忘年好友。

吴征镒每天坚持写日记。无论多累多困，他几乎从未间断过。日记里既记录当日天气、所见地理景观、所遇人和事，也记录自己的感受。吴征镒的日记显示出他的文学功底，深得闻一多先生的欣赏。

3月1日　8时出发，四十里至桃花源，有桃花观，观内有古桃花潭，潭水甚浅，潭后为秦人古洞，洞深丈余，前后发亮。这无疑问是假托的，中国人好古往往如此。又三十里到郑家驿宿。

2日　雨中行，如在米南宫水墨画中。沅水渐急，梯田新多，利用水利灌溉磨木浆造纸的，常可以看到。

3日　雨不止，过太平铺入沅陵境。杉林茶山渐盛。男女老幼皆以布包头。宿小村张山冲，阴雨地湿。人挤，宿营甚苦。

4日　渐入深山，山回路转，路间见煤、银、铁诸矿，杉林甚多，且多较大者。村女装束古旧，但甚美观，时有长大脖子的。晚宿黄公坪一小村。本日行八十里，疲甚。

……

湘黔滇旅行团被称为我国教育史上的长征。一九四六年，西南联大学生自治会编印的《联大八年》，收录了吴征镒的这份"长征日记"，这份日记成为战争年代大学南迁途中珍贵的史料，也珍藏着一代人青春的回忆。

三次考察，爱上云南

吴征镒还在清华大学读大一的时候，就对一位素未谋面的植物学家产生了深深的敬佩之情，这位植物学家就是蔡希陶。

蔡希陶是浙江东阳人，曾在光华大学物理系就读，后经过姐夫陈望道推荐，到北平静生生物调查所做实习生。

一九三二年，蔡希陶受北平静生生物调查所的派遣，到云南考察，深入边远山区开展植物调查和采集工作。一九三二年至一九三四年间，蔡希陶共采集植物标本十多万份，其中有不少新物种。

蔡希陶踏上云南考察之路时，才二十一岁，是个清俊、文雅的青年。

吴征镒在第一次听闻蔡希陶的故事时，就对他钦佩不已。他佩服蔡希陶为了科学不畏艰辛，甚至不畏生死的献身精神。那时云南边陲的很多地方，连军阀都不敢轻易深入，可他赤手空拳，却敢跋涉于高山峻岭之间，走驿道，爬深涧，涉激流，不怕毒蛇虫豸，不担心语言不通，硬是用青春的双足，走出了一条富有传奇色彩又惊心动魄的道路，揭开了云南"植物王国"的面纱，为云南植物学研究做出了开拓性的贡献。

向蔡希陶学习，去云南采集植物标本！这是大学期间，吴征镒心中藏了多年的梦想。没想到，抗战的烽火，竟然把他带到了梦寐以求的云南。

一九三八年五月，吴征镒第一次见到了蔡希陶先生。当时，蔡希陶受胡先骕派遣，筹办云南农林植物研究所。这个所是经过北平静生生物调查所所长、中国著名植物学家胡先骕与云南省教育厅厅长龚自知的几番洽谈后，由北平静生生物调查所和云南省教育厅合办的。它就是现在的中国科学院昆明植物研究所的前身。

抗日战争后期，因为研究所经费困难，蔡希陶先生养了很多鹦鹉、猫、狗等小动物,在昆明开了一家鹦鹉店,还带领研究所员工种植蔬菜来卖,靠这些收入补贴研究所的开支。

吴征镒永远忘不了第一次与蔡希陶先生相见的那一幕。蔡希陶先生热情地与他握手,一脸微笑,双目炯炯有神。蔡先生潇洒健谈,英姿勃发,一言一语都颇富感召力,根本看不出研究所压在他肩上的千斤重担。

这真是一个积极乐观、努力向上的好榜样啊!吴征镒心想。

比吴征镒年长五岁的蔡希陶先生鼓励吴征镒说,云南是个植物宝库,一定要抓住机会,多出去走走、看看。

巧的是,与蔡希陶先生见面后的第二个月,吴征镒遇到了一个机会。他要和清华八级的校友熊秉信一起,进行一次为期一个多月的科学考察。熊秉信是云南大学校长熊庆来的长子,跟吴征镒一样,他也是一个有理想、有抱负的热血青年。在这支小小的考察队中,吴征镒负责采集植物标本,熊秉信专门考察地质矿产。

吴征镒和熊秉信以昆明为中心,绕昆明郊区各村镇兴致勃勃地考察了一圈。

"哇,昆明一个县的植物,比整个河北省的植物还多!"考察途中,吴征镒惊叹。

这一个多月中,吴征镒共采集了两千多种昆明地区的植物标本。他情不自禁地说:"云南对研究植物的人来说,简直遍地是黄金啊!"

同时,吴征镒也把滇池四周的景色看了个遍——那山那林,都是醉人的绿;那湖那天,都是迷人的蓝;那花海草海,都那么辽阔与多彩。

吴征镒沉醉其中,真想一直这样遨游在植物的海洋里。但考察经费毕竟有限,回校的日子临近了。

吴征镒带着众多植物标本回到西南联大时,可把他的老师吴韫珍先生乐坏了。

为了准备云南植物分类的教材,吴韫珍先生几乎天天都要去花市上买些野花回来,用来解剖和绘图。

吴征镒一下子带回了两千多种植物标本,吴韫珍先生怎能不喜出望外。

师生俩对照着《植物名实图考》与《滇南本草》，开始整理标本，对标本进行详细的鉴定考证，不知不觉，一个月过去了。

一九三八年八月，吴征镒有一次外出考察的机会。这次考察由张景钺先生与吴韫珍先生带队，吴征镒、周家炽、杨承元、姚荷生同行，到大理点苍山和宾川鸡足山考察。

这次路途远，考察队乘坐的是一辆用木炭作为燃料的汽车，因为车速慢，从昆明到大理下关足足走了四天。大家挤在一起，腿脚都麻了，下车时走起路来都踉踉跄跄的。后来去鸡足山，汽车去不了，就找了马驮子，一路颠簸，更是辛苦。不过每个人都毫无怨言，沿路的植物景观让他们大开眼界。

一行人采集了很多植物标本。在点苍山的草地上搭帐篷休息时，吴征镒抽空就解剖采来的新鲜花草，画了野凤仙花的图案和解剖图，记录了其他一些植物。周家炽和姚荷生一面画水彩图，一面烤蘑菇。杨承元张罗伙食、照相，整理记录采集的各种苔藓。

当吴征镒爬上点苍山之巅时，那高高的冷杉林，那茂密的杜鹃灌丛，那高山草甸上争奇斗艳的野花，一下子抓住了他的心。没想到，在点苍山的最高峰下，还有十几条小溪在淙淙流淌。最神奇的是，在海拔近四千米的山顶上，还有一片冰川湖，湖水清澈，晶莹闪烁，与山下的洱海相映成趣。蓝天白云与点苍山相依相偎，这些美得令人窒息的自然美景，慰藉了这些辛苦跋涉的考察人员。

粉红的小蓼花、浅紫的银莲花、金黄的高河菜花、豆青色的棱子芹花、洁白的唐松草花、紫红的老鹳草花……在一声声的鸟鸣声中，在叮叮咚咚的泉流声中，在猎猎吹送的山风中，冲着吴征镒和他的老师、同伴频频点头，嫣然微笑，仿佛在说："感谢你们来这苍山洱海间探望我们，请来探索我们的奥秘吧，我们可都是宝贝呢！"

徜徉在大理古城的大街小巷中，行走在苍山洱海的醉人风景里，畅游在鸡足山葱郁的森林中，与无数的高山植物亲密接触，让吴征镒更加喜爱云南了。

从大理回到昆明刚一个月，吴征镒作为李继侗先生的助手，前往滇西南进行综合考察。

这回，吴征镒和李继侗先生一行，乘车踏上了第一次通车的滇缅公路，对滇西南进行了综合考察，对云南植物的垂直分布有了更清晰的认识。

从滇西到滇南，一次次的考察，使吴征镒更多地感受到了云南这个植物王国的魅力。

考察回来，吴征镒兴奋地整理着从热带雨林、季雨林和各种次生植被里采集的标本。一九四六年，他发表了《瑞丽地区植被的初步研究（附植物采集名录）》，首次报道了这里的植被和发现的植物新种。

从一九四〇至一九五〇年，在教学和野外考察之余，吴征镒花了十年时间，默默整理吴韫珍老师从奥地利学者韩马迪处手抄的中国植物名录以及秦仁昌先生从国外标本馆拍摄的中国植物模式标本照片，详细地记录了这些植物的生长环境和地理分布等情况，制作了三万多张植物卡片，打下了极为扎实的学识功底,并为以后成为植物学大家奠定了坚实的基础。

后来,吴征镒说:"那时我深深预感到,云南有我终生的事业,我一生的事业将永远和这块土地连在一起。"

西南联大八年

一九三八年十月,抗日战争进入战略相持阶段,国民党采取"消极抗日,积极反共"的方针,发动反共高潮,使昆明这个"大后方"也陷入了无边的黑暗。

日军为了切断中国西南的国际交通线,完全封锁中国,对云南进行了长达六年的大规模轰炸。云南省会昆明则成了全省范围内遭受日机轰炸次数最多的城市。国民党更是制造了多起惨案,内忧外患,人民苦不堪言。

日军飞机轰炸,已是家常便饭,大家的生活都受到了严重的干扰,西南联大的师生也遭受了前所未有的苦难,几乎毫无生活质量可言。

当时，闻一多教授以篆刻为副业养家；朱自清教授一身重病，为了抚养八个孩子，连棉衣也买不起。教授家属们为了补贴家用，走上街头摆地摊做小买卖，梅贻琦和潘光旦、袁复礼三位教授的夫人就长期合制"定胜糕"，寓意抗日必定胜利，由梅夫人韩咏华女士拿去寄售。在如此艰苦的条件下，西南联大教师都能以身作则，甘于清贫，认真教书，刻苦治学，为国育才。

吴征镒的恩师吴韫珍教授生活也异常困苦。他没办法维持一家人的生计，只好把家眷送回上海青浦老家，把工资也寄回老家。他自己节衣缩食，一边忍受着胃病的折磨，一边勤勤恳恳地进行教学和研究，有时，一天只能吃上一小包花生米。

一九四一年六月，吴韫珍教授接受了胃切除手术，但由于当时医疗条件所限，加上他严重缺乏营养，手术后不断打嗝儿，内外伤口都不能愈合。一九四二年，吴韫珍教授不幸在云南大学医学院附属医院去世，年仅四十三岁。

吴韫珍教授是吴征镒最敬爱的恩师，是付出毕生心血让植物学在中国扎根的无比可敬的知识分子。本来，他可以在植物学研究领域做出更大的贡献，却在贫病交加中英年早逝。

面对恩师的抱憾离世，吴征镒悲痛至极，深受打击。当时，吴征镒正跟着北京大学的张景钺教授读研究生。吴韫珍教授去世后，他的一切教学任务和待展开的《滇南本草图谱》考证工作，不得不由吴征镒接替，吴征镒只好中断了自己的研究生学业，代恩师担起了他未竟的事业。

吴征镒与匡可任、蔡德惠等合作，自写，自画，自印，在一九四五年考证完成了《滇南本草图谱》（第一集）。这是云南中草药的植物考据学的工作成果，也是中国植物考据学的发端之作。吴征镒代吴韫珍先生发表了石竹科的一个新属，这是他与吴韫珍先生从一九三九年开始考证的《植物名实图考》中的云南植物。

吴征镒在恩师身后的所作所为，受到了业内人士的一致好评。

虽然日子是那么艰苦，常常吃了上顿没下顿，为了果腹，吴征镒不得不去云南大学和五华中学兼任教师，但他一直没有被艰苦的生活打倒。相反，他是个少有的乐天派。

吴征镒和大多数西南联大的师生一样，在艰苦中寻求着希望，在黑暗中追寻着光明，心系着国家民族的命运，又时刻不忘对科学事业的追求，苦中作乐，坚毅前行。

吴征镒少年时就爱昆曲，并在这方面有一定的造诣，能唱不少昆曲段子。因为西南联大生活艰苦，很多单身汉都住在一起，这给了吴征镒演出的机会。在课余，他常给大家唱昆曲，能唱《弹词》《骂曹》《扫秦》《冥判》《夜奔》等曲目。吴征镒嗓音洪亮，唱起昆曲来，慷慨悲歌，感人至深。

闻一多先生非常喜欢听吴征镒唱昆曲，他还介绍吴征镒加入了西南联大的剧艺社。闻一多先生是剧艺社的倡导者，他的儿子闻立鹤也是剧艺社的积极分子。吴征镒因为与闻一多先生的友谊，常去剧艺社跑龙套，当临时演员，有时也主唱昆曲。他那声音洪亮、表情丰富的演出，常博得众人的喝彩。

"小吴，你能文能武，是一个人才啊！"闻一多很看好吴征镒这个年轻人，有一天，他送给吴征镒一枚自己亲手用粗藤篆刻的图章。接过那枚图章，吴征镒激动不已。

闻一多先生在这枚图章上刻的是吴征镒的号"白兼"，这两个字刻得遒劲有力，又兼顾粗藤的纹理，看上去美观又质朴。这枚图章被吴征镒当作宝贝珍藏起来。不过可惜的是，一九五八年，吴征镒全家迁往云南昆明时，部分行李丢失，闻一多先生为吴征镒刻的这枚图章也在其中。

在闻一多先生的介绍下，吴征镒不仅加入了剧艺社，还加入了新诗社，这是西南联大最著名的进步社团之一，骨干有何孝达、光未然、沈叔平和沈季平兄弟等人。新诗社曾多次组织举办诗歌朗诵会，闻一多、冯至、李广田等著名诗人常到会演讲或朗诵诗歌。

吴征镒的思想在新诗社受到更深的影响。每当他用火热的激情、洪亮的声音朗诵政治讽刺诗时，台下都会响起一阵如潮的掌声。吴征镒被闻一多先生这支"红烛"照亮了心田，点燃了民主思想的火种。

一九四五年，吴征镒在闻一多、吴晗的介绍下，加入了中国民主同盟，接受了民主大洗礼。

参加地下工作

盼望着，努力着，坚持着，战斗着……终于，中国人民迎来了抗战胜利。

一九四五年八月十五日，当日本天皇宣布无条件投降的消息传来，西南联大的师生和全国人民一样，激动、兴奋、欢欣、雀跃，有的人载歌载舞，有的人喜极而泣，有的人忙着去告慰死难的亲人，有的人忙着去计划自己的未来。大家都感叹，好不容易打败了日本，中华民族总算迎来了久违的和平。大家都憧憬着未来的安宁日子。

可是，日本投降后不到三个月，国民党反动派就开始进攻解放区。

一九四五年十一月二十五日，西南联大等校

学生和社会人士六千余人在西南联大新校舍的草坪上，召开"反对内战、呼吁和平"演讲会，遭到国民党军队恫吓，随后各校学生联合罢课进行抗议。

十二月一日，学生的罢课运动遭到国民党反动派军警特务的残酷镇压，他们向手无寸铁的学生投掷手榴弹，造成重大伤亡。云南私立南菁中学教员于再先生中弹身亡；西南联大学生李鲁连中弹后，在送去医院的路上被暴徒拦截毒打致死；共产党员潘琰为了救助受伤的同学，被手榴弹炸伤，倒地后被暴徒砍死；年仅十七岁的昆华工校学生张华昌为救助西南联大的同学，头部受伤牺牲……这就是一二·一运动。

闻一多先生曾这样写道："一二·一是中华民国建国以来最黑暗的一天，但也就在这一天，死难四烈士的血给中华民族打开了一条生路……"

面对四烈士洒下的鲜血，平素温文尔雅的吴征镒义愤填膺，他不畏强权、不怕手持刀枪的国民党特务，毅然参加了抬四烈士灵柩的游行，而且跟张澜庆等年轻教师一起，在国民党省党部门口摆路祭。吴征镒还为四烈士朗诵了自己写的祭文，悼念烈士，谴责国民党反动派的无耻行径。

吴征镒的爱国情怀，引起了云南大学生物系助教殷汝棠的关注。殷汝棠常常请吴征镒写墙报文章，因为吴征镒思想进步，写作水平高，屡次令殷汝棠对他刮目相看。

一天，殷汝棠问吴征镒："我知道你是一个进步青年，也是民盟会员，你想加入中国共产党吗？"

"啊，你是共产党员？"吴征镒激动地看着殷汝棠。

殷汝棠用力点点头。

吴征镒紧紧握住殷汝棠的手，也用力点点头。

"太好啦！请写一份入党申请给我，我交给党组织！"殷汝棠爽朗地说。

吴征镒的入党申请交上去后，不久，党组织通过殷汝棠转告吴征镒："你已经被吸收为预备党员。"

一九四六年二月，在殷汝棠的介绍下，在云南大学的标本室，吴征镒举起右手，向党庄严宣誓。从此，吴征镒成为一名光荣的共产主义战士。

一九四六年六月，李继侗先生为吴征镒申请到去美国哈佛大学留学的名额，但吴征镒不愿离开灾难深重的祖国和并肩奋斗的同事，放弃了出国机会。

时隔三十多年，时任国务院副总理的方毅来中国科学院昆明植物研究所考察时，问吴征镒："你出国留学过吗？"

"不，我是个土包子！"吴征镒回答。

吴征镒虽然年轻时主动放弃了去哈佛留学的机会，但并不后悔，他觉得他的革命理想跟他的科学理想一样崇高而伟大。

作为一个热血青年，在国民党反动派发动内战、人民亟待获得解放的时期，他很自豪自己加入了中国共产党，并为新中国的成立贡献了自己的力量。

一九四六年七月十一日，中国民主同盟中央委员李公朴先生被国民党特务杀害。七月十五日上午，昆明学联在云南大学至公堂召开李公朴先生殉难经过的报告会。

闻一多先生不顾特务的恫吓，不顾家人朋友的劝阻，毅然参加了报告会。他说："李先生为民主可以殉身，我们不出来何以慰死者？"他无视云南大学四周鬼鬼祟祟的特务，不但参加了报告会，而且在报告会上拍案而起，慷慨激昂地发表了人生中最后一次讲演，痛斥国民党特务。

报告会结束后，闻一多先生和闻立鹤步行回家。在离他们家二十米远的地方，突然枪声大作，闻一多先生身中数枪，壮烈牺牲，年仅四十七岁。闻立鹤为了保护父亲，也身中五枪，后来被奇迹般地救活了。

在挚友、恩师闻一多先生惨遭杀害之后，吴征镒悲愤地写下五首五律《哭浠水闻一多师五章》：

……九死犹未悔，先生小屈原。彼伧施鬼蜮，我血荐轩辕。得路由先导，危身以正言。大江流众口，浩荡出荆门。……暗夜风雷迅，前军落大星。轻生凭胆赤，赴死见年青。大法无纲纪，元凶孰典刑？……

抗战胜利后，一九四六年，西南联大解散，师生们结伴北上，清华、北大、南开复校。吴征镒回到了阔别多年的清华母校，并立刻投入到党领导的抗暴运动中，积极参加剧艺社和读书会的活动。在地下党的领导下，通过剧艺社、读书会、学生自治会，与反动当局进行了灵活的斗争，大大激励了清华大学莘莘学子呼吁和平的斗志。

当时，在清华大学教授吴晗的家里，每晚都会响起哗啦哗啦的搓麻将声。吴晗、马彦祥、崔月犁等常聚在一起"打麻将"，而且，他们打麻将还要"记账"，并且有"小跑腿"为他们跑来跑去找人在"账目"上签名。

其实，他们那根本不是真的在打麻将，而是在起草北京、天津乃至全国多所高校民主运动的声明、宣言、抗议书。这些声明、宣言、抗议书经过民盟负责人刘清扬、潘光旦、费孝通等人的定稿，最后被"小跑腿"们拿着请进步知识分子们签名。吴征镒个子不高，行动灵敏，是其中一名很勤快的

"小跑腿"。

在一九四八年六月的反美运动中,清华、北大等校教职员发表了对司徒雷登声明的抗议书,紧接着,清华大学又有一百多名教职员,由张奚若、朱自清先生领衔,发表"宁可饿死,也不领美国救济粮"的严正声明。这些抗议书和声明的签名所得,都有吴征镒这个"小跑腿"的功劳。

一九四八年八月十二日,一身重病、傲骨铮铮的朱自清先生,在尽心尽力编辑完《闻一多全集》后,与世长辞。

又一位恩师走了,被黑暗的社会早早夺走了生命,吴征镒悲痛万分。他代表清华讲师教员助教联合会,参加了朱自清先生的追悼会,分别为朱自清先生写下了两副挽联。"使贪夫廉,使懦夫立;求经师易,求人师难。""十五年时沐和风,翘首夕阳无限好;两三载连摧大树,惊心昧且有深哀。"

朱自清先生追悼会后,地下党组织考虑到在各种抗议活动中,吴征镒露面太多,不安全,便通知他转移去解放区接受新的工作任务。

吴征镒手拿一沓草纸作为联系密件,先乘火车到天津，又到了杨柳青，从子牙河上乘了一辆敞篷船，前往冀中解放区泊头镇。为了给吴征镒打掩护，当时小船上还装了两口棺材。一路上，惊心动魄地通过了敌人的封锁线，终于，吴征镒到了冀中泊头镇党的华北局城市工作部，把那沓草纸交给了荣高棠同志。

荣高棠接过吴征镒递给他的别有新意的接头暗号——一沓草纸，紧紧抓住了吴征镒的双手，激动地说："欢迎你，吴征镒同志！"

"像吴征镒这样较早地加入中国共产党，并做了很多地下工作的科学家是很少的！"吴征镒的助手——中国科学院昆明植物研究所原副所长吕春朝先生，曾这样评价吴征镒先生。

是的，吴征镒是著名的植物学家，也是革命斗争经验丰富的中共党员。他这样的科学家，值得格外尊敬。

重回清华植物所

一九四九年一月三十一日,北平和平解放。

二月,吴征镒回到北平军事管制委员会工作,负责接管高校、故宫和研究所的事务。他穿着军装,雄姿英发,废寝忘食地投入到新工作之中。

当时,北平缺粮严重。山西、山东等革命老区的老百姓,就赶着马车、驴车、骡车,运来小米,支持北平人民。

当时人民军队也缺粮,但军管会根据毛主席的指示调来粮食,保证高校和科研单位的供应。吴征镒负责这项工作。当收到小米,教授们都被深深地感动了。这些小米,每一粒都凝聚着革命老区人民的情意,也代表着党对知识分子的关心。

吴征镒忙着和知识分子们座谈,忙着为知识分子们送粮,忙着高校科研部门的各种接管工作,经常要忙到深夜。

不知不觉,夏天到了,吴征镒一如既往地忙碌着。这夜,已是凌晨两点,他还在办公室忙碌。窗外,雷声由远而近,滚滚而来。吴征镒起身去上厕所,里面漆黑一片,他伸手去拉电灯开关。突然一阵刺痛,吴征镒触电了,重重摔倒在地。原来,电灯开关处的瓷罩不知何时脱落,漏电了。

幸好单位大楼里还有别的同志在加班,他们听见吴征镒的呼救声,赶紧把他救起,送进了医院。

经过医生的抢救,吴征镒虽然从死神手指缝里逃了出来,可他身上却裹上了绷带,穿上了石膏背心,变成了一个硬邦邦的"植物人"。

军管会文化接管委员会的负责人钱俊瑞来看望吴征镒。

吴征镒忍着疼痛说:"不久就要举行开国大典了,我还有很多工作要做啊!"

钱俊瑞安慰吴征镒:"小吴,手术很成功,你安心在医院养伤吧!穿几个月的石膏背心,养好了伤，才能为新中国做更多的工作！"

吴征镒只好在医院里静静地养伤。

开国大典的盛况，躺在病床上的吴征镒是通过收音机收听的。当毛主席庄严地宣告中华人民共和国中央人民政府成立，中国人民从此站起来了，他激动得热泪直流。他多想在天安门广场和首都人民一起欢庆这个特别的节日啊！

他扯着石膏背心，想要站起来，护士却拦住了他。他不知道，那束缚着他行动的石膏背心，不久后，还会成为他的"红娘"，为他赢得一位温婉聪慧的姑娘的注意呢！

经过不断努力练习，吴征镒终于学会穿着石膏背心下床活动。他一心想着早一点儿回到工作岗位。可有伤在身，去军管会工作不方便，他就申请回清华大学工作。

"别看我行动不便，我做植物标本卡片还是可以的。"

在吴征镒的强烈要求下，组织上终于同意他回清华大学生物系的植物教研室去帮忙。见到吴征镒，李继侗教授像捡到一个金元宝似的笑得合不拢嘴："欢迎回来！欢迎回来！但要小心养伤啊！"

"我会小心的。"吴征镒一边说，一边在书桌旁坐下，立刻开始抄卡片，整理植物标本。因为他还穿着石膏背心，不能弯腰，所以，他的坐姿很奇怪，就像穿戴了盔甲。

这时的吴征镒引起了一个姑娘的注意。这个姑娘叫段金玉，毕业于辅仁大学，当时给李继侗先生做助教。

"这人看着木呆呆的，可手上干活儿倒勤快，都不知道歇一歇呢！"段金玉看着吴征镒那带伤工作的模样，不禁对他产生了好奇。

看上去木讷的吴征镒不敢多看她一眼，他只是莫名地喜欢听她那爽朗的笑声，喜欢她那扎着麻花辫的高挑身影出现在他身边。

当时，李继侗讲植物生理课，段金玉帮李先生安排实验课。她做事麻利又严谨，动手能力特别强，常受到李继侗先生的夸赞。

不久，春节到了，这是新中国成立后的第一个春节，首都到处都喜气洋洋的。李继侗请清华大学生物系植物教研室的教师和学生一起包饺子。吴征镒穿着石膏背心，套着大棉袄，也去参加了。因为身体僵硬，吴征镒包饺子的动作很笨拙，坐在他对面的段金玉看着他那憨憨的样子，觉得挺可爱的。她不时将擀好的饺子皮扔给吴征镒，看吴征镒手忙脚乱地去接，忍不住咯咯地笑。

在活泼机灵的段金玉面前，吴征镒忍不住红了脸。吴征镒为了忙学业，忙着研究植物，忙革命工作，三十多岁了还没结婚。

吴征镒虽然很喜欢段金玉乐观豁达、快人快语的性格，但没有对她表白。段金玉比他小十来岁，长相清秀，还是优秀的青年教师，吴征镒不敢多想……

年底，吴征镒的伤痊愈了，穿了大半年的石膏背心终于脱掉了。

一九四九年十二月，吴征镒被调到新成立的中国科学院，任机关党支部书记。

一九五〇年一月，吴征镒任静生生物调查所整理委员会副主任，接管静生生物调查所和北平研究院植物研究所，并将二所合并为中国科学院植物分类研究所，他任研究员、副所长，回到了挚爱的植物学研究岗位。

刚刚卸下"石膏盔甲"的吴征镒，马不停蹄地忙碌着，感觉自己离段金玉越来越遥远，越来越不可能再有什么故事了。

可这天，吴征镒却突然接到一个电话。

"嘻嘻，你猜猜我是谁？"电话那头，传来一个女孩银铃般的笑声。

这不正是他暗暗思念的那个姑娘吗？

吴征镒心脏怦怦直跳，一个人对着电话羞红了脸，用有点颤抖的声音说："你是段金玉同志吧？"

"是啊！"段金玉爽朗地说，"我最近和李建武老师、梁家骥老师一起做招生工作，他们在我面前夸你呢！你今天有时间吗？到我家来吃饭吧！"

哇，这是一个多么令人幸福的电话！

吴征镒太惊喜了，连连答应。

就这样，吴征镒走进了段家，身上穿的还是打着补丁的灰布军装，慌忙中也忘记带礼物了。

段金玉的爸爸、妈妈见了吴征镒，十分喜欢，觉得这个青年实在、诚恳，一看就靠得住。

在长辈的祝福下，在老师和朋友们的关心下，段金玉很快就与吴征镒确定了恋爱关系。

一九五一年四月二十二日，吴征镒和段金玉结婚了。他们结婚时，婚床是由单人床拼接的，床上铺的是旧被子，婚房内的陈设简陋而整洁。但他们的婚礼很隆重，在中国科学院礼堂举行，中国科学院院长郭沫若担任证婚人，北京市副市长吴晗是主婚人。

能与段金玉携手走进婚姻的殿堂，一起走漫漫人生路，一起研究植物，吴征镒感到自己是天下最幸运、最幸福的人。他笑啊笑啊，脸庞好似一朵向日葵，而段金玉就是照耀他人生的阳光。

考察橡胶种植

一九五一年，吴征镒和植物学家陈焕镛先生、植物生态学家侯学煜等人被派往印度参加在新德里举行的"南亚栽培植物之起源及分布"学术研讨会。这是新中国成立后第一次参加国际学术活动。

临行前，中国科学院副院长李四光先生向吴征镒详细交代了任务："吴征镒同志，你们这次去印度，除了学术考察，还有两位科学家的思想工作需要你们去做。你知不知道殷宏章和徐仁？他们都是著名的植物学家，现在都在印度，你们这次去，要动员他们回国啊！咱们新中国刚成立，亟须海外科学家回国一起建设祖国！此外，还要动员陈焕镛先生到科学院来。"

吴征镒说:"殷宏章和徐仁都是老清华人。殷宏章是我恩师李继侗的大弟子,是著名的植物生理学家,如今在联合国教科文组织工作。徐仁是古植物学家,在印度恒河边的印度萨尼古植物研究所工作。当年我进清华,徐仁师兄还是我的担保人呢!"

"那太好了,尽量争取他们回来报效祖国!"

"我一定尽力!"吴征镒保证道。

到印度后,吴征镒立刻和殷宏章、徐仁两位植物学家取得了联系,跟他们介绍中国科学院的情况,告诉他们,祖国欢迎他们回家,欢迎他们参与到轰轰烈烈的新中国建设大潮中来。面对吴征镒这位小师弟诚恳的态度、真挚的邀请,殷宏章、徐仁两位师兄当即表示,愿意回国,为新中国建设贡献自己的学识和力量。

代表团回国不久,殷宏章、徐仁两位植物学家就怀着赤子之心,先后回到了科学院,陈焕镛先生被调到新成立的华南植物所任所长,投身到新中国的建设当中。

除了为中国科学界请回了两位成果丰硕的科学

家，这次印度之行，在植物学研究方面，吴征镒也收获颇丰。他和同伴在印度的两个多月，考察了印度的植物、农作物情况，考察了多个农业、植物等科研机构，发现印度有典型的热带季雨林、稀树干草原、热带荒漠等植被类型。吴征镒还发现，在印度北部喜马拉雅山脉南麓，有不少植物和云南植物的种类很相似。此行，为吴征镒以后研究北纬20度至40度之间的中国－喜马拉雅植物区系打下了基础。

一九五三年，吴征镒随中国科学家代表团访问苏联。团长是原子核物理学家钱三强，代表团由各方面专家二十六人组成。吴征镒是团里年轻科学家的代表。可就在中国科学家代表团抵达莫斯科的那天晚上，苏联领导人斯大林去世了。

我们来得不是时候啊！吴征镒心想。

没想到，代表团还是受到了苏联方面的盛大欢迎。苏联科学院院长涅斯梅亚诺夫亲自到车站来迎接大家。

抵达莫斯科后，中国科学家代表团立刻前往圆柱大厅，去跟斯大林的遗体告别。

这次苏联考察之行，给吴征镒留下了难忘的印象。因为苏联是植物地理学之乡，是世界上领土最辽阔的国家，植物种类和植被异常丰富，这让吴征镒大开眼界。

苏联的中亚西部、西伯利亚、阿尔泰地区，真是美不胜收。中亚西部有典型的亚洲荒漠植被，荒漠上竟有大片的红罂粟，犹如一幅巨大的魔幻画。西伯利亚有典型的泰加林群落，云杉、冷杉、落叶松组成的大森林，好像一幅层层叠叠的绿色立体画。阿尔泰地区有西伯利亚落叶松森林，也有一望无际的草原植物，林地青翠欲滴，野花摇曳多姿，那是一幅锦绣图画。

看到这样一幅幅如梦如幻的画卷，吴征镒决定，回国后一定要把中国植被、中国植物区系类型和分区问题作为自己后半生的研究对象。他暗下决心：等科学院的工作告一段落，就要求到云南去，通过对云南植物的考察研究，把中国的植物区系研究清楚。

从苏联回国后，吴征镒写了三篇考察报告，发表在《科学通报》上，成为中国植物学界了解苏联植物科研的窗口。

一九五三年起，吴征镒又开始参加中国各大地区的综合考察。这是中国科学界第一次大规模的考察行动，分为华北和西北、华南和西南两大组。吴征镒先参加华南小组，一九五五年又转到西南小组。

在这次大考察中，吴征镒和其他科学家一起摸清了橡胶栽培在中国的适宜位置，解决了橡胶种植的科学栽培方法。一九五五年，橡胶林终于在海南岛自然成林，海南岛成为中国最重要的橡胶基地，打破了帝国主义对新中国的经济封锁。

当时，橡胶是重要的工业原料和战略物资，帝国主义想通过控制橡胶对我国的出口量，来对新中国实行经济封锁。为了打破这种封锁，党中央做出了自力更生、独立自主、引种橡胶的决策。以李继侗教授等为首的全国植物学、林学、生态学、土壤学等方面的专家奔赴海南岛、广东西部、广西南部和云南南部，进行橡胶宜林地的调查工作，并在这些地区做栽种试验。

当年，从巴西引种到中国的三叶橡胶，一次栽种成功。随即在海南、广东、广西掀起了一股种橡胶的热潮。大家热情高涨，致使开垦林地太多，大片大片的热带雨林被破坏，造成了严重的水土流失，橡胶成活率非常低。

这时，农垦部请中国科学院派专家去查看。中科院派吴征镒、马溶之、李庆奎和罗宗洛等专家到橡胶垦殖地区实地考察，他们对橡胶种植地区的气温、雨量、土壤等生态要素进行了全面考察。

根据调查，他们建议放弃粤西、桂东沿海以及海南西南干旱沙地、龙州一带石灰岩土上种植橡胶的计划；放弃拖拉机农耕措施；实施"大苗壮苗定植"，并以本地树种营造防护林。

这些建议得到科学院和农垦部领导的肯定，实施后，稳定了华南的橡胶种植业。

吴征镒等一批专家参加橡胶宜林地考察，结合我国实际提出了种植橡胶的可行性建议，为橡胶在我国北纬18—24度地区成功种植做出了重要贡献。

一九八二年，"橡胶树在北纬18—24度大面积种植技术"获得国家发明奖一等奖，吴征镒是获奖者之一。

鉴于吴征镒在植物学研究上的成就，一九五五年，他当选为中国科学院生物学部学部委员（院士），此时他才三十九岁。

在评选他做学部委员时，有人说他太年轻，李继侗先生仅用一个理由，就把持不同意见者说得哑口无言。李继侗先生说："吴征镒扎扎实实花了十年时间，根据吴韫珍先生和秦仁昌先生从国外带回的标本资料，整理出三万多张植物卡片，每张卡片都详细记录了植物的学名、分布地点和相关文献，为我国植物学研究积攒了一笔丰厚的家底。仅凭这三万多张植物卡片，当两个学部委员都够。"

评委们听了李继侗先生的话，都纷纷点头，很快就达成了同意吴征镒做学部委员的共识。

三十九岁就被评为学部委员，这在中国科学院是不多见的。好朋友们要给吴征镒开庆功宴，此时的吴征镒更觉得肩上的责任重大，心想：我去云南,真正为咱们中国植物学研究做出点贡献!

"云南是边陲之地,哪有北京的研究条件好?说起生活条件,云南就更不能和北京比了!你不为自己想想,也不为你妻子和两个孩子想想?"有朋友这么劝阻他。

吴征镒缓缓回答:"这件事情我琢磨很久了,云南丰富的植被带和植物种类,是植物学家开展研究的理想地方,我一定要搬家去云南。"

举家迁往云南

一九五八年夏天,吴征镒一家终于踏上举家南迁的旅途。吴征镒和妻子段金玉毅然放弃北京优越的科研和生活条件,带着七岁的儿子吴京、五岁的女儿吴玉一起迁往云南。

听到女儿一家要去云南定居的消息,段金玉的母亲哭了,她舍不得他们去边疆受苦。

吴征镒劝慰岳母:"那里生活可能艰苦一些,但那里是植物王国,我和金玉到了那里,工作上就像鱼儿游回了大海,鸟儿飞回了天空,吃点苦值得啊!"

深明大义的岳母不说什么了,可泪水一时间却怎么也止不住。那个年代,交通不发达,云南对她老人家来说，太远了，她怕女儿一家这一去，自己就没多少跟他们见面的机会了。段金玉抱着母亲，也忍不住流下了热泪。

临行前，段金玉去派出所转户口。派出所有位管户籍的民警大姐对她说："云南那么远，条件可比不上咱北京。你们户口转出去，要转回来可是千难万难的。依我看，户口先不转，你们人先去看看，要是不适应，还可以回北京嘛！"

段金玉说："谢谢大姐！我们家老吴可是犟脾气，他认准的事，十头牛也拉不回来。云南虽苦，却是植物王国，需要我们去工作啊！"

就这样，一家大小，人和户口一起转到了云南。

一到云南，吴征镒立刻和蔡希陶着手组建中国科学院昆明植物研究所（简称植物所），并培养出一支高水平的植物学研究队伍，还请来了研究木材的专家唐燿先生。

唐燿先生是吴征镒高中时的生物老师，吴征镒平生第一次举办植物标本展，就得益于唐燿老师的鼓励和帮助。一九三一年,唐燿先生到北平静生生物调查所从事木材解剖学研究。一九三五年,唐燿先生赴美国求学,后来获得耶鲁大学博士学位。一九三九年夏天,唐燿先生怀着一颗赤诚的爱国之心,带着两吨重的十九箱木材研究标本和资料,辗转几个国家,终于回到祖国。

在极其艰难的条件下,唐燿先生在四川创办了我国第一个木材实验室。新中国成立后,该实验室又扩建为西南木材试验馆。唐燿先生为研究木材学费尽心血,他的一项项研究成果解决了我国工业建设中在木材上遇到的很多难题。

后来,由于一些原因,这位功勋卓著的老科学家的工作条件非常不好,吴征镒和蔡希陶顶着巨大的压力,把唐燿先生从当时的林业科学研究院请调到了植物所。吴征镒恳切地对唐燿先生说:"唐老师,您过去是我的老师,现在是我的老师,将来还是我的老师。请您不要有思想包袱,为木材解剖学做出更多贡献吧!"唐燿先生非常感动。

在唐燿先生的领导下,昆明植物所木材解剖室完成了《云南热带材及亚热带材》等科学著作的编纂出版工作，得到了国际上的高度重视。

在昆明植物所建所、建室的同时，吴征镒作为植物分类学的学术带头人，开始了紧张的十年奋斗时期。他总是步履不停，在野外奔波考察，从点苍山、玉龙雪山到哀牢山，他的足迹几乎遍及云南的每寸土地。最终，他和同行、助手、学生们一起，基本摸清了云南植物的"家底"。云南有一万七千多种高等植物，这些植物的分类、分布情况，吴征镒心里有一本清清楚楚的账本。

为了摸清云南植物的"家底"，为了给这些植物"记账"，吴征镒可没少吃苦头。由于吴征镒是平脚板，走路时间长了脚疼，加上野外考察时，他只注意植物不看路，摔跤是常有的事。

有一次在文山考察，吴征镒带着助手和学生翻山越岭，一共走了十多天。当一行人走在一处密林里时，吴征镒走着走着，一不小心摔了一跤，一下子跌坐在了地上，迟迟未起身。同行的人不知道他怎么了，正想扶他起来，却见他一直往地上瞅。原来，吴征镒突然发现眼前的腐叶子堆下有株植物很特别，只见它全身雪白雪白的，花茎像个白莹莹的小拐杖，花苞像戴着水晶帽子的小公主，花蕊闪着灰蓝色的幽光。它那么美，又带着无限的神秘。

"这是什么植物？"吴征镒认真研究起这种长相独特的植物来，完全忘记了摔跤的疼痛，忘记了潮湿的地面，忘记了身边的人。

这就是他发现锡杖兰在中国分布的新记录的过程。

吴征镒的这一跤，后来被大家传为佳话。吴征镒也常笑着跟人说："要是每摔一跤，就能有新的发现，那我愿意多摔跤！"他对植物的痴迷，简直有点疯魔。

西双版纳是云南植物种类非常丰富的地方，也是吴征镒考察次数最多的地方。他考察了从勐海、勐腊一直到景东无量山、哀牢山徐家坝的大片地区。西双版纳雨水多，一下雨，那里的红土地就黏糊糊的，使得考察人员迈不开步。可吴征镒不怕，不管雨多大、泥多黏，他都不愿意放弃考察机会。于是，在泥水中扑通扑通地摔跤，常常发生在长着平脚板的吴征镒身上。他经常穿着一身干干净净的

中华先锋人物故事汇　吴征镒

衣衫出门，到晚上回营地休息时，衣服上已糊满了一层红泥巴，所以大家送他一个"摔跤大王"的雅号。

有一次，吴征镒和植被学家朱彦丞一起在云南西北部的中甸草原考察。他们把帐篷搭在一片开满鲜花的草地上，两人住同一顶帐篷，白天一起采植物标本，晚上共同讨论云南植被的分布规律。谈累了，两人就一起走出帐篷，吹吹凉风，看看星月，闻闻花香，有时兴致来了，擅长作诗的吴征镒还会赋诗一首。可这天晚上，正当他们在帐篷里促膝长谈时，突然雷声大作，紧接着下起了瓢泼大雨。虽然帐篷还算结实，但挡不住风大雨大，没多久，两位植物学家的衣服便被飞溅进帐篷的雨珠打湿了，两个人都冻得瑟瑟发抖，依然难掩探讨植物学的热情。

"他们这两位植物学家，是用信念在烤火啊！"他们的助手和学生说。

是的，因为热爱植物，因为立志要振兴我国的植物学，吴征镒不惜离开北京的学术研究中心，不怕摔跤，不惧风雨，用他的平脚板一寸一寸地在云南边陲的山川间跋涉着、摸索着，一个物种一个物种地去发现、去记录、去考证、去研究，发表了一篇又一篇在国内外植物界引人注目的学术论文。他用信念之火把昆明植物研究所的事业照得亮堂堂的，使这个研究所成了植物学研究的重要阵地。

在多年的科学考察生涯中，吴征镒深切感受到了建立自然保护区的重要性。一九五八年九月，吴征镒和动物学家寿振黄联名向云南省委、省政府提出了建立二十四个自然保护区的规划和方案。一九五八年十二月，云南省委组织实施，在云南先行试点，建立自然保护区，这样既能改善保护区内的环境，让人与动植物相处融洽，互不打扰，又能在自然保护区缓冲区发展新的种植业，解决当地老百姓的生活来源，让老百姓增加收入。吴征镒为国家提出了战略性的重要建议，惠及后代。

"植物电脑"

吴征镒被中外同行誉为"中国植物的活字典"。他记忆力惊人,见到植物,脑海里很快就搜索出植物的学名、分布和形态特征。

吴征镒这种超人的记忆力和洞察力是天生的吗?或许在他的人生经历和痴迷于研究植物中能找到答案。

在野外考察中,吴征镒是一位令人敬仰的植物学家。在标本馆里,吴征镒天天"坐冷板凳"。因为植物学研究,除了野外考察,大部分时间就是坐在标本室里鉴定标本、审稿和写作。吴征镒一坐下去,能大半天不起身,一直做卡片、整理植物标本。他把这样的工作状态称为"坐冷板凳",他用自己的亲身感受，谆谆教导他的学生："科学研究不能急功近利，要不怕困难，甘于'坐冷板凳'。有些工作要连续几十年才能见成效。只有坚持不懈地辛勤努力，才能登上新的科学高峰。"

为了攀登科学高峰，吴征镒长年累月总穿着这样一双"鞋"，一只叫"认真"，一只叫"执着"。他对自己要求非常严格，小至一张巴掌大的卡片，多到几万、几十万字的书稿，他每写一个字，总是落笔工整，字迹美观，每一张卡片、每一页稿子，都像一幅小楷书法作品。

他说这都是学习恩师吴韫珍。自从在清华大学遇到吴韫珍先生，吴征镒不知不觉就把吴韫珍当成了自己的榜样，就连恩师的字体，他也有意无意地模仿起来。自从吴韫珍去世后，他接过恩师的学术衣钵，用自己的笔完成了恩师一个个未竟的心愿，把恩师的理想发扬光大，在植物学领域做出了一项又一项成就，为祖国的科学事业贡献了自己的聪明才智、汗水心血。

一九五六年，苏联科学院提出和我国合作，研究解决紫胶虫北移至苏联的问题。最初，科学院派刘崇乐率队，蔡希陶在云南就地参加，当他们到大理时，又派吴征镒和简焯坡二人赶去。一九五七年，刘崇乐为队长，吴征镒和蔡希陶为副队长，正式组成西南生物区系及资源综合考察队，重点考察橡胶宜林地和紫胶虫寄主的问题，苏联专家的任务只是动植物区系调查和采集。

他们先到达德宏一带，对吴征镒来说是旧地重游。吴征镒对这里的植物区系和植被都比较熟悉，有问必答，一路给苏联专家详细地介绍植物。苏联专家惊叹不已，称他为"植物电脑"。

"一天不工作，比什么都难受！"这是吴征镒常挂在嘴上的一句话。

吴征镒一坐下来，就不知道休息。有时在会议间隙，他也要到标本馆去看几份标本。正因为这样，他的妻子和孩子故意让他做点家务，强迫他分分神、休息休息。

这天刚吃过午饭，女儿吴玉就拽着吴征镒的手臂说："爸爸，我跟同学约好了，午后要跟她一起做作业。"

"那好啊！爱学习是好事。"吴征镒笑着夸女儿。

"爸爸，那今天你洗碗啊！妈妈本来是叫我洗的。"女儿跟爸爸撒娇。

"我要去标本室，你妈妈会洗的。"吴征镒说着就想往外走。不料被妻子段金玉拦住了。

"老吴，我今天也有事，这段时间我在做山茶的同工酶，中午得守在实验室，碗还是劳驾你来洗吧！"段金玉说着，准备出门。

"好吧！我洗碗。这下又要少看好几份标本。"吴征镒有点无奈地说着，撸起袖子，开始洗碗。

这时，段金玉和女儿心领神会地对视了一眼，微笑着向门口走去。

在跨出门槛的那一刻，段金玉还不忘回头叮嘱吴征镒一句："老吴，洗了碗，桌子、灶台也别忘了好好擦擦啊！"

"好吧！"吴征镒不情愿地回答。段金玉和女儿都忍俊不禁。

到了门口，吴玉跟妈妈耳语："爸爸做家务动作慢，这下好了，他最起码有半小时得和锅碗瓢盆打交道了，这样也可以好好休息他的脑子啦！"

"是啊，这次我们的计划很成功！"段金玉牵着女儿的手，像孩子似的冲女儿吐吐舌头。

段金玉也是植物学家，来到昆明植物研究所后，牵头组建了植物生理研究室，但为了支持吴征镒的事业，她付出了很多，当然，也收获了很多。吴征镒为了感谢妻子，特意从妻子名字里取了一个字，给女儿取名为"玉"。

妻子和孩子都是他心头无价的宝玉啊！

"文革"时期，吴征镒到昆明黑龙潭参加田间劳动，白天干农活儿，晚上回到小屋，依然悄悄地从事植物学研究工作。

白天，他在田间劳作时，会在脑海里记下他遇到的各种植物。晚上，回到小屋后，尽管有时累得双手颤抖，吃饭都拿不住筷子，可他依然会坚持记下白天见到的各种植物的外形、特征、生长情况等。日积月累，他居然写成了一部九万多字的书稿《昆明黑龙潭地区田间杂草名录》。

那时，农村出现了不少"赤脚医生"，需要医学普及，中草药研究是跟"赤脚医生"工作关系最密切的一门学科，一时间，全国各地出了不少中草药小册子。

吴征镒尽管不行医，但对这些中草药小册子的渴求比"赤脚医生"还强烈。他不能亲自去查阅图书馆和标本室的资料，这些中草药小册子，就成了他手头难得的科研资料。

他常常拜托人出差时帮他收集中草药小册子，又请他们每天给他几页稿纸。精诚所至，金石为开。看管他的人被感动了，也常常帮他收集资料、传递稿纸、保存稿件。

吴征镒写稿子有时坐在田埂上，有时坐在柴火上，有时趴在床板上。他凭着惊人的记忆力，默默回忆着以前整理过的三万多张卡片和看过的植物书籍，以及见过的植物标本，编出了《新华本草纲要》初稿。

他编的这本初稿，后来查对资料时，竟然很少有差错。大家都说，他的脑子就像电脑一样，不知储存了多少植物学知识。

这本《新华本草纲要》初稿，如今成为昆明植物所植物标本室的"镇所之宝"。每个有幸见到这份手稿的人，都会被深深地感动，这些手稿是由大小不同、样式不一的稿纸装订而成的。稿纸虽然简陋、粗糙，但上面的每一个字都是那么工整、清楚，足见吴征镒当年在写稿时有多么认真、执着、刻苦、细致。

无论身处何种境地，吴征镒从来没有放下过他的植物学梦。

两次进藏考察

一辈子的爱，一辈子的梦，一辈子的坚守，只为了植物学。

在年近花甲时，吴征镒有了重新进行科学研究的机会，他再一次步履坚定地出发了。这回，他要向世界屋脊——青藏高原进发，因为西藏是植物学家梦寐以求的地方，是研究世界植物区系形成和分布的关键地区之一。二十世纪五十年代初，吴征镒曾两次组织植物学家赴西藏考察。去西藏考察，是吴征镒的夙愿。如今这样的机会就在眼前，他不想错过。他想去西藏看一看，用脚丈量一下西藏的土地，感受一下西藏的风土人情，触摸一下因印度洋板块向亚欧板块下面俯冲而抬起的喜马拉雅山脉，以及青藏高原地区的植物。

但西藏可不比别处，这里交通不便，人烟稀少，海拔高，缺氧、雪灾、雪崩都是常事，加上吴征镒年近六十，着实不年轻了，所以家人、领导、同事都为他担心。

听说吴征镒要去西藏考察，大家都来劝他。

最理解他的老伴儿段金玉也说："老吴，我最清楚你的身体状况，你还是别去了吧！毕竟你不是毛头小伙儿了，年龄不饶人啊！"

"正因为年龄不饶人，现在我有机会去西藏，才要抓紧去。不然，就成了终生的遗憾啊！"吴征镒恳切地对老伴儿说。

"好吧，我为你准备行装！"老伴儿段金玉再一次选择默默地支持他，并在他的行李箱里装了一瓶维生素C，临行前一再叮嘱，"到了西藏，那里蔬菜少，千万要记得吃维生素C！"

见老伴儿这么支持和关心自己，吴征镒心里充满了无限的感动。

一九七五年五月，吴征镒终于踏上了去西藏的旅程。他从成都出发，经兰州、西宁，沿着青藏公路，来到了美丽的青海湖畔，又从青海湖经香日德、格尔木抵达拉萨，再到日喀则等地，主要考察了喜马拉雅山脉北坡的植被和青藏高原的植物区系，包括森林、灌丛、草甸、草原和高山荒漠等。

五月，江南地区已进入莺飞草长、绿满山川的初夏了。可在青藏高原，他们乘坐吉普车行进在险峻的公路上，还顶风冒雪，触目皆是银装素裹的山峰，真是行路难。

每次翻越一座山峰，因为缺氧，都会给人一种头痛欲裂的感觉。当一个个小年轻抱头喊头痛时，吴征镒却镇定地坐在吉普车里，详细记录着所经之地的海拔高度、植物及其生态环境。

"吴老师有特异功能呀！在这么高海拔的地方，汽车开这么快，他还能做笔记，还能整理资料！"有学生惊叹。

"没什么，我有童子功！"吴征镒谦逊地一笑，"我二十来岁就常常外出考察，很多时间是坐在行驶的车上的，坐车的时间也不能白白浪费呀，所以我常常在车上做笔记、整理资料，久而久之，就练成了一身童子功……"

吴征镒正与学生说笑着，突然看到窗外有一片茂密的植物，便忙冲司机喊道："师傅请停一下车，我要下车采集几个标本。"

司机已经习惯吴征镒这种半带命令的请求了，很快刹住车子。于是，吴征镒不顾山高缺氧，不顾山风劲吹，不顾雪峰反光，毅然下了车，朝那片植物跑去……

有一天，车子经过喜马拉雅山脉北部的希夏邦马峰的垭口，遇到了大雨。可吴征镒和他的学生、同事依然舍不得放弃在这著名的山口采集标本的机会，一个个都下了车。结果，大雨把每个人都淋湿了，尽管被冻得瑟瑟发抖，大家还是继续采集标本。

雨越来越大了，眼看着雨水将山坡冲出了道道泥浆，经验丰富的司机连忙冲吴征镒喊道："吴所长，快，快领大伙儿上车，小心泥石流！"

吴征镒这才抹抹满脸的雨水，冲大伙儿喊道：

"大家快上车吧！"

话音刚落，一小股泥石流冲下来了。大家搀扶着吴征镒，飞快地冲上车，司机急忙发动了车子。

轰……车子刚驶离希夏邦马峰的垭口，野马似的大股泥石流奔腾而下，再晚一点儿，泥石流可能连人带车把吴征镒一行全给卷走，好险！

晚上到了住宿地，吴征镒不顾湿漉漉的衣服，又和同事、学生们整理白天采集的标本。

藏族同胞给吴征镒等人拿来了干牛粪，让他们烤衣服，吴征镒却先用牛粪火将纸烘得干干的，把植物标本夹在纸中，小心翼翼地保存好。同事和学生们都睡下了，吴征镒还借着手电筒的光亮，详尽地写着这一天的考察见闻。坚持写考察日记，这是他几十年的老习惯了。

吴征镒记录着一路上遇到的各种植物，各种惊险故事，也记录着沿途遇到的美景。一天，在喜马拉雅山脉看到飘浮在峰顶的旗云时，吴征镒的同事和学生都兴奋得手舞足蹈，他也激动得像个孩子似的大喊起来。晚上，他把这份奇特的美景记录在考察日记里。

这次考察西边到萨嘎,南边到日喀则、聂拉木和吉隆,历时三个月。

八月,考察结束后,吴征镒一行从拉萨乘飞机回到成都,又转车回到昆明。可是,吴征镒人回来了,心却依然留在青藏高原上。

他对那里的皑皑雪峰,雪峰上盛开的雪莲、雪灵芝,雪峰下的高山杜鹃、金露梅、报春花,对高山草甸上的绿绒蒿,对那里的云杉林、冷杉林和常绿阔叶林念念不忘。

吴征镒对青藏高原垂直分布的天然植物群落仍然念念不忘。一九七六年六月,六十岁的他,不顾家人和朋友们的劝阻,再一次踏上了西藏考察之旅。

这次,他从昆明出发,沿滇藏公路,经元谋、攀枝花、永胜、丽江、德钦入藏,仔细考察了金沙江、澜沧江、怒江三江分水岭植被垂直带的分异和区系成分组成。再经昌都、林芝沿雅鲁藏布江到拉萨,雅鲁藏布江沿岸的河谷柏树林和大片原生云杉林蔚为壮观，增加了他对青藏高原植物区系多样性的认识。

青藏高原植物群落的垂直分布规律，和地球上植被的水平相对应分布规律相吻合。有一次，吴征镒站在高高的山巅，指着眼前的植物区系垂直分布的活样本，兴奋地对大家说："我们站在这儿，就好像有一个望远镜，再套了一个放大镜，把整个世界热带、亚热带、温带、寒带的植物，全部拉到了咱们的面前！"

吴征镒的六十周岁生日，是在林芝城郊的部队里度过的。他对同事和学生说："在西藏过六十岁的生日，这可不容易，全世界的植物学家眼睛都盯着这里，这里是世界上最古老也最年轻的地方！"

为了进一步观察喜马拉雅山脉的南坡和东南坡的植物区系和植被变化，吴征镒总要下车入林，采集标本，记录所见物种。吴征镒是平脚板，虽然手杖不离身，但在山路上难免摔跤。每当这时，年轻的同事和学生立即前来搀扶。此时的吴征镒，总与大家相视而笑。

吴征镒两进西藏，前后行程约两万公里，逐一考察了整个青藏高原的代表植被，他对西藏植物区系的研究又攀登上了一个新的高峰。

一九七六年十月，吴征镒风尘仆仆地从西藏回来了。

一进家门，他就对妻子段金玉说："给我熬点稀饭喝吧，青藏高原海拔高，缺氧缺营养，我的一口牙齿全松动了，痛得厉害，吃不了硬的食物。"

"我给你的维生素C吃了吗？"段金玉问丈夫。

"啊，忙忘了，没吃！"吴征镒一拍额头，这才想起，妻子给他的维生素C，还原封不动地放在行李箱里。

"你呀……"看着又黑又瘦，仿佛一下子苍老了十岁的丈夫，段金玉心疼得要掉泪，"你还当自己是小年轻呢，工作那么拼命。去西藏，一次不行还去两次，这下好，所有的牙都拔掉，你就成一个瘪嘴老大爷了。"

"两次进藏，收获很大，掉一口牙算什么！装上假牙，我还更显年轻啊！"

这两次进藏的考察经历，在吴征镒的生命中，可是极为珍贵的财富。

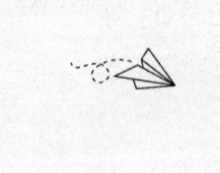

草木知音

吴征镒个子不高，可无论走到哪里，都令人肃然起敬，因为他是"植物电脑"，脑子里装着上万种植物的名称。

吴征镒是平脚板，本不能走远路，可他却走过千山万水。

吴征镒眼睛不大，可他博览群书，目光如炬，在植物学研究领域，看得无比遥远。

他不仅提出建立自然保护区的倡议，还第一个倡导建立中国西南野生生物种质资源库（简称种质库）。他的这两项提议都非常具有前瞻性和战略性，造福人民，功在千秋。

吴征镒一次次带着他的研究成果，带着求知若渴的心，走出国门，让世界各国的科学家们一再见识到中国植物学家的热情、博学、智慧和谦逊。他一次次带回从世界各地采集的标本和种子，不断丰富着昆明植物研究所的标本室。同时，他也让许许多多来自异国他乡的植物，在中华大地上生根发芽，大大丰富了我国的植物种类。

早在二十世纪五十年代，吴征镒就作为新中国的第一批"科学使者"，到访了印度和苏联。二十世纪六十年代，他又出访了古巴、越南、柬埔寨和捷克斯洛伐克。二十世纪七十年代以来，他曾多次出访美国、日本、英国，并与菲律宾、法国、瑞典、德国、澳大利亚、加拿大，以及南美洲三国——巴西、阿根廷、委内瑞拉的同行们进行学术交流，一起考察植物。在这些频繁的考察和访问中，吴征镒几乎认识了整个世界的植物。

一九八〇年，他与日本植物学家北村四郎及其助手村田源一道去京都北山考察植物。那是吴征镒第一次去日本，可是，日本同行们惊奇地发现，这位来自中国的学者居然能把日本京都北山里大部分的植物都辨认出来。

"您是第一次与这些植物见面啊，您是怎么认出它们的？"日本朋友问他。

吴征镒诚恳地回答："认出的植物，百分之九十五是我从文献上认识的。百分之五的植物我没在任何文献上看到过，是根据植物区系地理学和分类学的理论推断出来的。"

"哇，太了不起了！如此博闻强识，不愧是'植物电脑'啊！"日本朋友笑道。

其实，世界上很多植物学家，都知道吴征镒有"植物电脑"的雅号，也常常故意拿各种植物知识来考他。他曾出访汉堡大学、华盛顿大学、耶鲁大学、哈佛大学、芝加哥大学、海德堡大学……每到一处，吴征镒都会用英语与同行们亲切交谈，切磋学术。

一九八一年，在英国著名的皇家植物园——邱园参观时，查尔斯王子做了有关自然保护的报告。

在邱园，英国的植物学家摆出一批无人能鉴定的植物标本，那是清朝驻华的英国大使在中国采集的一些标本。吴征镒用放大镜认真观察了标本，随后用英语逐一准确地说出了每一种植物的拉丁学名、科、属、种、地理分布，以及曾经有记载的文献等。英国的植物学家们都被吴征镒对植物研究的精深、非凡的记忆力深深折服了，连连称赞他不愧为"植物电脑"。

吴征镒这个"植物电脑"，无论走到哪里，都能引起同行们的惊叹与感佩，在世界各地，也结交了很多好朋友。他脖子上那个常年不离身的照相机，就是日本朋友送给他的。知道他有集邮的爱好，世界各地的好朋友为他寄来自己国家的邮票。

每次出国访问，吴征镒还有一个公开的小秘密，那就是他无论走到哪一个国家，无论走进哪个植物园，无论走到世界的哪个角落，总会收集植物种子。

有一次，吴征镒出访古巴，立刻被那里的热带植物园迷住了。古巴的植物园是美国哈佛大学阿诺德树木园热带分园，曾是美国设在那儿的热带植物基因库。那里热带植物种类繁多，很多都是我国没有或稀有的种类。

外形像炮弹一样的炮弹果、种子犹如大象耳朵的象耳豆树、酷似瓶子的瓶子树，还有著名的猴面包树……这些难以见到的热带植物令吴征镒目不暇接。

他就像童年时期第一次走进吴道台宅第的芜园那样，眼中全是惊喜，兴奋得心脏怦怦直跳。他不断俯下身子，收集着各种各样的植物种子。

他托先回国的卫生部部长李德全把收集的种子先带回国，自己留下来继续收集种子。

"原来我们这里普普通通的植物，在吴教授眼里全是宝贝！"古巴的朋友被吴征镒的举动感动了，也纷纷帮吴征镒采起种子来……

如今，吴征镒从古巴带回的那一批种子，早已在中国生根发芽了，有的已经长成了参天大树。

在云南西双版纳勐仑的植物园里，就有一棵棵高大的象耳豆树，每日每夜都张着耳朵，在静静聆听着我们中国的风声雨声、虫吟鸟鸣。

种子的力量是无穷的。它们在用自己的绿叶、花朵和果实，无声感谢着这位伟大的植物学家。

在和各国植物学家交流思想时，在观看国外的种子资源植物基因库时，在一次次采集我国的野生植物标本时，吴征镒深切意识到，保护我国的野生植物种质资源刻不容缓。

这世间，物种每时每刻都在流失。自然灾害、气候变化、人为砍伐、环境恶化，都使得物种的损失日益严重。

一九九九年，吴征镒提出建立中国西南野生生物种质资源库的设想。建立"中国西南野生生物种质资源库"，能很好地保护我国的野生生物种质资源，能使我国生物研究在世界科学界占据一席之地，能为我国的生物研究打下坚实的基础，并对国民经济建设起到重大的推动作用。

一九九九年八月，吴征镒致信朱镕基总理，建议中国有必要尽快建立野生植物种质库。这一建议得到了朱总理的高度重视。二〇〇四年三月，种质库建设项目的可行性研究报告得到国家发展改革委的批复，决定依托昆明植物研究所进行建设，云南大学和中国科学院昆明动物研究所也参加相关建设。该项目被列入了国家重大科学工程建设计划。

二〇〇五年，种质库正式开工兴建。二〇〇七年建成并投入使用。

种质库里的温度常年保持在零下二十多摄氏度，种子的寿命可极大延长，有的可以存活上千年，比如，水稻和小麦的种子能存活三千多年，而棉花种子则能存活六万多年。

这是我们中国植物的"挪亚方舟"，让我国数以万计的种子有个安全的家。其中，中国特有种、珍稀濒危物种，具有重要的经济价值和科学研究价值，也为我国未来参与国际生物产业竞争奠定了坚实基础。

昆明植物研究所原副所长吕春朝说："吴征镒先生有两个国家战略性的建议，一是建立自然保护区，二是建立种质库，这都是利国利民的千秋大业！"

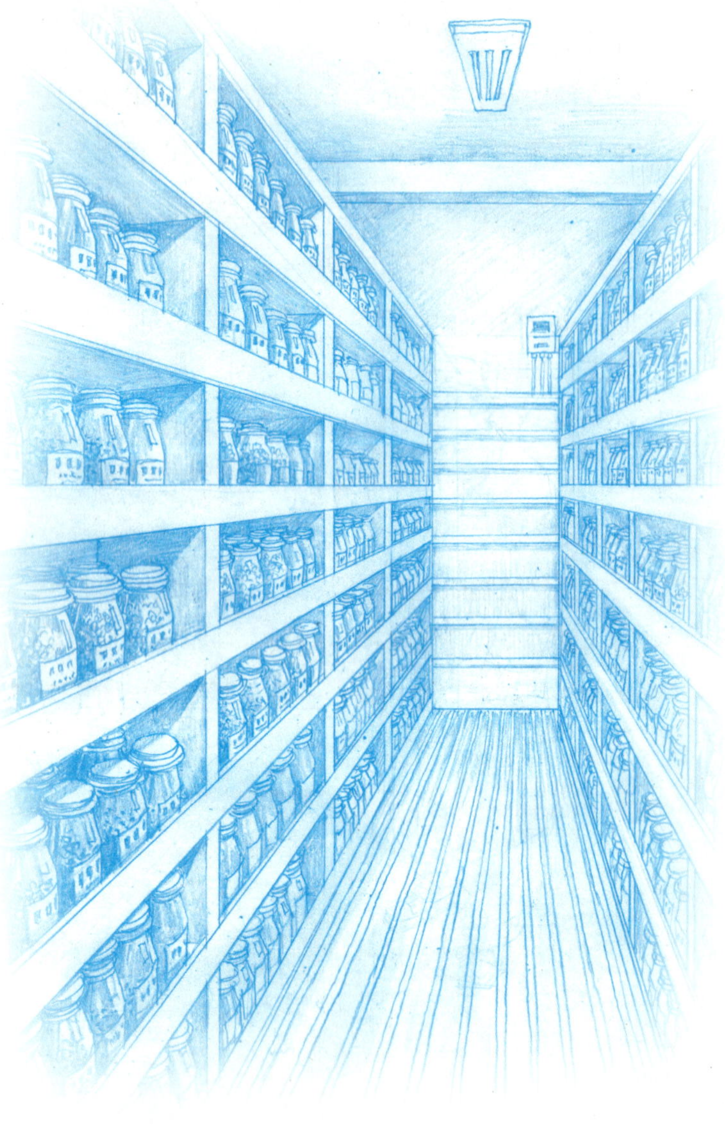

为中国植物上"户口簿"

"原本山川,极命草木",这八个字出自西汉著名辞赋家枚乘的《七发》,意思是陈说山川之本源,尽名草木之所出。长期以来,这八个字被众多植物学家奉为圭臬,也被定为中国科学院昆明植物研究所的所训。

吴征镒用一生的努力,为这句话做了印证。

他不仅扎根云南,走遍全国,还走访了世界上的多个国家,成了世界上无数植物的知音。

吴征镒说:"植物不会走路,需要我们到深山老林去请它们。"

为了拜访植物朋友,吴征镒一次次出发,一趟趟跋涉,一程程奔波,披星戴月,风餐露宿,熟悉了一种又一种植物的习性和分布，为这些植物朋友做标本，写稿子，出专著。

一九五九年，中国科学院成立《中国植物志》编委会，钱崇澍、陈焕镛任主编，秦仁昌任秘书长，吴征镒等专家任编委。一九七三年，吴征镒任副主编。一九八六年，俞德浚主编辞世后，吴征镒接任主编。吴征镒连任主编十七年，最后完成《中国植物志》的出版工作。

三百多位植物研究人员和一百多位绘图人员，从一九五九年至二〇〇四年，历时四十五年时间，完成了五千多万字的《中国植物志》。《中国植物志》记载了我国三万一千多种植物的科学名称、形态特征、生态环境、地理分布、经济用途等。它为有效保护和合理利用我国的植物资源提供了极为重要的基础信息和科学依据。

植物学家们都说《中国植物志》的编写和出版，为中国的植物建造了一套"户口簿"。吴征镒花十年时间整理出来的那三万多张植物卡片为这套"户口簿"提供了重要参考。

这三万多张卡片现在珍藏在中国科学院昆明植

物研究所吴征镒研究中心。参观者走进昆明植物研究所图书馆三楼的研究中心，就会看见一排古色古香的书柜。研究中心的工作人员便微笑着打开书柜的抽屉，小心翼翼地抽出一张张巴掌大的卡片，为参观者展示并介绍这些珍藏了八十多年的植物学资料。

"当年吴先生吃尽苦头，坐了十年'冷板凳'，做了这三万多张卡片，如今这些卡片不仅是我们昆明植物研究所的'镇所之宝'，也是我国植物学界的宝贝。当年在编撰《中国植物志》时，吴先生贡献出了这三万多张卡片作为重要资料！"

在主编这套世界上最大型的植物志时，凡是吴征镒看过的稿子，每个种他都要仔细审核校对，写上几千字乃至上万字的审稿意见。每一个字他都用"吴韫珍体"的小楷写得清清楚楚。如今，这些资料被中国科学院植物研究所的档案馆珍藏。

在主编《中国植物志》的过程中，吴征镒也培养了一大批植物学后辈人才。

一九七九年，在审稿会上，榕树属本来是分给吴征镒编撰的。吴征镒考虑到贵州省没有撰稿人，就找到贵州生物研究所的张秀实，请她来编撰榕树属。

"谢谢吴主编！但这个任务我恐怕胜任不了，我对榕树属研究不深，文笔又不好，我不敢接，怕辜负您的一番美意！"张秀实惶恐地推辞着。

"放心去做吧，我会帮助你的！"吴征镒鼓励张秀实。

吴征镒说到做到，他不仅为张秀实提供了详细的资料，还帮她做了榕树属的分种检索表。稿子写出来后，吴征镒又亲自为张秀实改稿，前后三次易稿。

"谢谢吴主编！我知道，为了帮助我，其实您花费了比自己动手写还多的时间啊！"张秀实对吴征镒十分感激。

吴征镒笑道："虽然我多花了一些时间和精力，但你得到了很好的锻炼啊！咱们植物学家的队伍里又多了一个人才！"

这就是吴征镒，不仅自己花费心血为植物立传，还带领着很多年轻学者一起为祖国大地上的植物命名、撰文、编志。

除了主编《中国植物志》，吴征镒还主编过《中国植被》《云南植物志》《西藏植物志》等十多部对我国植物研究贡献颇大的植物研究著作。

吴征镒的学生——植物学家武素功清楚地记得他与吴征镒一起编写《西藏植物志》时的情景。

一九七六年，吴征镒从西藏考察回来后，鉴于他的身体情况，上级安排吴征镒和武素功一起去青岛疗养。可吴征镒叫武素功把从西藏收集来的一大箱标本、材料带到了疗养院。

当时，他们师生住的是同一间屋子。在疗养院疗养时，不需要参加会议和处理行政事务，所以吴征镒一天到晚都在整理从西藏带回的材料，连中午也不休息。

"那时，他为了不打扰我午睡，做事总是轻手轻脚的。看到老师那么拼，我也不敢休息了，跟着他一起看标本、写名录。这哪像疗养，就是一个编辑组。"

武素功说起这段往事，总会笑着说："就这样

'疗养'了一个月，吴先生编写了《西藏植物名录》和《西藏地名录》两部重要资料，为后来主编《西藏植物志》打下了坚实的基础。"

"吴先生把'原本山川，极命草木'写在纸上，也写在心里。二〇一三年，吴先生去世后，植物所把他'原本山川，极命草木'的手迹，刻在了大理石上，竖立在我们研究所里。每次看见吴先生的手迹，我的心里都充满了对他的回忆！"云南吴征镒科学基金会秘书长杨云珊曾做过吴征镒的秘书，所以对他的怀念和敬意，也特别深。

杨云珊说："我进所工作时，他已经八十岁高龄，早已挂上拐杖。一九八一年，他从贵州梵净山入湘，经张家界上太平山，随后又登上鄂西神农架。从神农架回来不久，他不小心摔了一跤，摔断了股骨颈，在病床上躺了整整八个月。他一边忍受着钢丝牵引、不能翻身的痛苦，一边审阅了近百万字的《云南植物志》。出院后不久，股骨颈还带着钢螺钉，吴先生架着拐杖，到昆明武定狮子山为科研人员讲授有关植物区系的课程，之后又去了海南岛、西双版纳、新疆等地参加会议和考察，如此奔波劳累，让他从此离不开拐杖。看他拄着拐杖坚忍前行的样子，非常令人敬佩！"

马雄才是昆明植物园的一位普通工作人员，种过树，栽过花，如今在园区内开游览观光车。他常常跟游客谈起吴征镒先生，说："吴先生调到云南时，已经是院士了，他对我们植物研究所的贡献很大。他很亲切，见到我们这些后辈，总是笑眯眯的。吴老让我知道，越是厉害的人，往往越是平易近人、质朴无华。吴先生常拄着拐杖在植物园里走动，无论看见什么植物，眼里都会露出慈祥的笑意，好像那些植物都是他的孩子。他也常常跟来植物园游玩的孩子讲解植物学知识，像个亲切的邻家爷爷。"

二〇〇八年，吴征镒获得了二〇〇七年国家最高科学技术奖。记者采访他时，他说："我的能力有限，人生不过几十年……年轻的科学工作者，一定要在比我们还要艰难的路上去攀登，我愿意提供肩膀做垫脚石。"他又说，"我父亲曾经问过我'你学植物有什么用'，那个时候我答不出来，现在我可以回答了。因为，植物是'第一生产力'！"

他曾被祖母叫作"花妖",但如今,吴征镒的弟子们都尊称他为"花神"。

从"花妖"到"花神",吴征镒用一生的热爱和努力,改写了他的命运,也为青少年和青年科学工作者树立了榜样。

言传身教,培养人才

被誉为"植物电脑""中国植物的活字典"和"中国的林奈"的吴征镒,为当代植物学在中国的发展,为中国植物学走向世界做出了巨大的贡献,是世界上最杰出的植物学家之一。

吴征镒在培养人才方面也不遗余力,成果斐然,桃李满天下。吴征镒像一个辛勤的园丁,在他的耐心指导和辛勤培育下,涌现了一大批研究植物的青年科学家。他的学生武素功、李恒、李锡文、孙航、李德铢等,都成了中国植物学界的知名学者。吴征镒深爱着他的学生,学生也深爱着这位慈父般的老师。

吴征镒有很强的领导才能,这跟他当年从事学生运动有关，也跟他多年来从事领导工作有关。他是科学家中很早入党的老革命，他生活质朴、待人亲切、研究刻苦，这些品质都令他的学生和助手感佩不已。

"外出考察时，吴先生什么地方都能睡，什么东西都能吃，完全像一个老农民。可一旦出国访问，他穿上西装，打上领带，说出一口流利的英语，又是一位儒雅的学者。他从来没有架子，对待我们这些小青年，都很尊重、热情、贴心，所以他的助手和学生，没有一个不对他心服口服的。"吕春朝先生任何时候提起吴征镒都赞不绝口。

他说他忘不了跟着吴征镒去做清代吴其濬的《植物名实图考》考证工作时的情景。当时，《植物名实图考》里记载着一种叫"白药"的植物，只写了"白药"这个名称，写了生长地"大理"以及"马治病"这几个字，怎么按照古书的记载去大理找到这种植物呢？

吕春朝得知植物化学家木全章在研究大理的一种叫青羊参的植物。大理当地人说它能给牛、羊、马治病。经过二人的详细考证，最后得出结论，这青羊参与《植物名实图考》中的"白药"名称一样，产于大理，民间有治马病的记载。这三点与《植物名实图考》中的记述吻合。这青羊参虽然也叫白药，也有活血化瘀的作用，但跟著名的"云南白药"显然不是同一种植物。

植物学研究跟别的科学研究有所不同，主要依靠老师对学生"传帮带"。吴征镒的恩师吴韫珍和李继侗是这么做的，吴征镒对自己的学生也是这么做的。

武素功十五岁就参军入伍，在部队数次立战功，但转业到中国科学院植物研究所后，对植物是一个十足的门外汉。武素功初中没上完就辍学了，但吴征镒发现他记忆力很好，而且勤学好问，采集制作标本很认真，在实践中能自觉地弥补理论上的不足，所以，吴征镒到云南后，便把他也调过来参加植物考察。

刚到云南的第一年，吴征镒就让武素功参加云南经济植物的普查工作，让他带队做西昌地区的普查工作。平时在研究所里，吴征镒让武素功和学生们一起听高等植物分类学的课，后来又送他去云南大学生物系旁听。吴征镒一边让武素功学理论、多实践，一边给他压担子。

很快，这位军人出身的植物学家就成长起来了，数次带队去青藏高原考察。武素功面对恶劣的自然环境的挑战，有勇有谋，不仅很好地完成了高寒地区的考察任务，而且能很好地照顾其他队员，还发表了多篇论文。

一九八六年，武素功评上了副研究员。有人说他是自学成才的典型，可武素功说："我可不是自学成才的，没有吴征镒教授手把手教我，我永远只是一个大兵，根本不可能成为植物学研究人才！"

"这是他自己努力的结果，"吴征镒欣慰地说，"任何一个人，要成为有所建树的科学家，都必须做到三个字——安、钻、迷，既要安心于本职工作，还要钻进去，更要达到入迷的程度，要高度集中精力，朝着单纯的目标，专注地前行！武素功做到了，所以他成长起来了！"

"安、钻、迷"，这是吴征镒对自己的要求，他也常常用这三个字来教导他的学生。

李恒是吴征镒的女弟子。李恒主编的专著《重楼属植物》在国内外产生了重要的影响。她的重楼研究成果至今是重要中药、重楼种植业发展的主要参考文献。其实李恒不是学植物专业的,她毕业于北京外国语学院,曾是中国科学院地理研究所的俄语翻译。她的丈夫王今维是一位园林专家,一九六一年被蔡希陶先生请到昆明植物研究所负责设计植物园,三十二岁的李恒跟着丈夫调到了云南。

吴征镒第一次见到李恒这位瘦瘦小小的女生,就坦言相告:"俄语翻译我们这里暂时用不上,你以后就跟着我们一起研究植物分类吧!当然,你的俄语不能丢,可以教一教所里的年轻人。"

李恒听了吴征镒的话,半天没有回过神来,心里只感到委屈:我可是北京外国语学院毕业的高才生,做俄语翻译也小有名气,怎么现在叫我改研究植物学?植物学我可是一窍不通啊!

吴征镒仿佛能听见她的心声似的,说:"搞植物研究没那么难,也不需要多高深的学问,只要腿勤手勤,多学多问,多考察多记录,做到'安、钻、迷'三个字。你这么聪明的人，很快就会适应的。"

李恒挤出一丝笑容，勉强答应了。

结果，过了两天，吴征镒就让李恒参加综合考察队，到文山去进行植物考察。吴征镒带李恒一起采标本、翻标本，见李恒对云南植物完全不了解，又给她普及植物学知识，一个物种一个物种地教她辨认，又请其他学生、助手一起对她进行"传帮带"。这次考察，吴征镒和其他队友对李恒的悉心帮助，一下子就打开了她研究植物学的兴趣之门。

不久，吴征镒又派李恒去云南大学生物系学习。对工作的热爱和不服输的性格，让李恒很快成长为能独当一面的专家，到云南的第三年，李恒就参与《中国植物志》的编撰工作了。

一九八三年八月，六十七岁的吴征镒到湘西考察，五十四岁的李恒和另外两位同事随行。考察队一行经贵州梵净山来到湘西永顺小溪、张家界考察，随后来到了天平山原始森林核心区。看到珙桐、光叶水青冈、鹅掌楸这样的古老珍稀树木保存完好，吴征镒高兴地向大家介绍这些植物的科

言传身教，培养人才

研价值。离开湘西后，他积极奔走，介绍湘西的植物资源，湘西的植物多样性展现在了世人眼前。一九八六年，由斗篷山、杉木界、天平山三大林区组成的八大公山国家级自然保护区成立。

一九九〇年十月，六十一岁的李恒为了去独龙江考察已经做了两年的精心准备。出发前，她接到了丈夫病重的消息。她忍住悲伤，将丈夫的病危通知书递给女儿，带着对家人的愧疚和对科考的激情，毅然带领考察队挺进神秘的独龙江，完成了植物学界第一次独龙江越冬考察。

一九九六年起，李恒率队，对高黎贡山进行了长达十一年的二十多次大规模考察。她在野外考察最久的一次有两百多天。最后一次大规模考察结束时，她已经七十八岁高龄了。

李恒最终成为一位植物学家，有十四个物种以她的名字命名，她还获得了国际天南星植物学会最高奖。

李恒在晚年讲述了关于吴征镒的一些往事。她说做植物志首先要有名录，《西藏植物志》《中国植物志》《云南植物志》这些名录的工作都是吴征镒先生做的。吴先生很伟大，很庆幸有机会跟吴先生学习，跟随他走上研究植物学的道路。

李锡文是吴征镒的另一个学生。他是一九四七年回国的越南华侨，毕业于河北农学院，分配在中国科学院植物研究所工作。吴征镒见他能吃苦，肯钻研，就动员他到云南工作。

学农学专业的李锡文植物分类学的底子很薄弱。当时，植物学方面的参考书极少，吴征镒就把自己做的三万多张植物学卡片给李锡文、武素功等学生做"活教材"，一张卡片一张卡片地为他们讲解，一次次带着他们去田间地头考察。老师倾囊相授，学生刻苦学习。没几年，李锡文也很快成为昆明植物研究所的骨干，参与了《中国植物志》的编撰工作。

从吴征镒的学生身上，可以看出他对待植物学"安、钻、迷"的态度，看出他在培养人才方面的耐心与无私。吴征镒是学生最好的榜样，也是学生的"拐杖"，他一心一意扶持学生成长，为祖国培养了一大批人才。

化成星星，照亮山川草木

任继愈是《中华大典》的主编。《中华大典》的编纂工作，是新中国成立以来最大的文化出版工程，该工程分为《哲学典》《文学典》《医药卫生典》《数学典》《生物学典》等二十四典，是对先秦至一九一一年前我国优秀文化典籍进行的一次梳理和汇编。

二〇〇六年，任继愈邀请吴征镒出任《中华大典·生物学典》的主编。吴征镒得知任继愈曾是北大学生，当年和他一道从长沙步行到昆明，晚年辞去国家图书馆馆长职务致力于编纂《中华大典》，钦佩之心油然而生。

担任《中华大典·生物学典》主编时，吴征镒毕竟年至九十，恐心有余而力不足，家人也有所顾虑。任继愈得知吴征镒有所犹豫，又传来话："吴老是当今既知现代植物又懂古代植物的人，编典最适合不过了，让我们两个九十老人一道来编典吧"，而且很肯定地说，"中国只有吴征镒能担此任"。盛情之至，吴征镒很受感动，接下主持编纂《生物学典》的任务。

当时，九十高龄的他正率领弟子整理研究我国清代著名的植物学专著《植物名实图考》，开启了我国植物考据学的新篇。这是吴征镒少年时最喜欢的书，可以说，正是吴其濬的植物学专著，开启了吴征镒植物学研究的心智，让他懵懵懂懂地爱上了植物学。时隔近八十年，吴征镒又用毕生所学，来考证这本专著。

二〇〇七年一月，云南教育出版社与昆明植物研究所签订《生物学典》编纂出版协议书，正式启动编纂工作。吴征镒任主编，李德铢、吕春朝、马克平、王祖望、汪子春等任副主编。《生物学典》包括《动物分典》和《植物分典》，主要回答在中华古籍文献里记载多少种动物和植物的问题。

"这是贯通中外、上下古今的续脉巨著，我们每个人都要一心一意、尽其所能投入其中，一定要编好这本生物学的'四库全书'！"吴征镒给《植物分典》的编委们下了命令，自己也一头扎进了《植物分典》的编纂工作，凭借自己七十多年的知识积累，为编辑团队列出了一千三百多种极具价值的参考书目。他还凭着惊人的记忆力，对史籍中提到的各种植物进行正本清源，并一一标注拉丁学名，带领团队一步步攀登着科学的又一高峰，直到生命的终点。

二〇一三年六月二十日凌晨一点三十一分，吴征镒因病在云南省昆明市逝世，享年九十七岁。

直到临终，他的床头还放着植物学古籍。直到生命的最后一刻，他心里还惦记着《中华大典·生物学典·植物分典》的编纂工作。

二〇一七年，《中华大典·生物学典·植物分典》终于编纂完成。

"吴老，请安息吧！《植物分典》已经编纂完成，您给我们留下的学术精神，将永远激励着我们前行，请放心，我们也会像您一样，只要祖国需要,就永远不会停下科研的脚步!"《植物分典》的副主编吕春朝动情地告慰吴征镒先生。

吴征镒认为做科学研究必须经历三个境界:一是立志立题,确立科研思路;二是殚精竭虑,百折不挠;三是上下求索,终有所得。他做到了,他把个人志趣与社会发展的需要很好地结合在一起,择一事,终一生,为我国植物科学事业鞠躬尽瘁,死而后已,取得了辉煌的成就。

在植物学界,由吴征镒定名和参与定名的植物类群多达一千七百六十六个。以吴征镒名字命名的植物有"征镒冬青""征镒卫矛""征镒麻"和"征镒报春"等等。

吴征镒信奉的格言是:"博学之,审问之,慎思之,明辨之,笃行之。"这是他母亲家"五之堂"的由来,语出《中庸》。他这一生都遵守着这句格言,为宠爱他的母亲争了光,成为当之无愧的植物学家。

一九九九年,吴征镒荣获被称为"世界园艺诺贝尔奖"的"考斯莫斯奖",成为我国首位获得该奖项的学者，受到国际社会的极大关注。

二〇一一年，由于吴征镒对世界植物学做出的杰出贡献，国际小行星中心将第175718号小行星永久命名为"吴征镒星"，以表达对这位有卓越贡献的科学家的尊重和爱戴。

如今，吴征镒已真正化成了天上的一颗星，照亮着大地上的山川草木，照亮着一代代植物学家、科学家前行的路，也照亮着全世界所有热爱植物的人的心。